《岭南文化书系》编委会名单

岭南文化书系

潮汕文化丛书

潮汕姿娘

魏影秋　伊　琳　编著

暨南大學出版社
JINAN UNIVERSITY PRESS
中国·广州

图书在版编目（CIP）数据

潮汕姿娘/魏影秋，伊琳编著. —广州：暨南大学出版社，2012.7（2022.3 重印）
（岭南文化书系·潮汕文化丛书）
ISBN 978-7-5668-0046-6

Ⅰ.①潮… Ⅱ.①魏…②伊… Ⅲ.①妇女—生活状况—广东省 Ⅳ.①D442.7

中国版本图书馆 CIP 数据核字（2011）第 243775 号

潮汕姿娘
CHAOSHAN ZINIANG
编著者：魏影秋　伊　琳

出 版 人：张晋升
责任编辑：暨　南　侯丽庆
责任校对：黄　颖
责任印制：周一丹　郑玉婷

出版发行：暨南大学出版社（510630）
电　　话：总编室（8620）85221601
营销部（8620）85225284　85228291　85228292　85226712
传　　真：（8620）85221583（办公室）　85223774（营销部）
网　　址：http://www.jnupress.com
排　　版：广州市天河星辰文化发展部照排中心
印　　刷：广州一龙印刷有限公司
开　　本：787mm×1092mm　1/16
印　　张：9
字　　数：143 千
版　　次：2012 年 7 月第 1 版
印　　次：2022 年 3 月第 3 次
定　　价：48.00 元

岭南文化书系·前言

五岭以南，素称岭南，岭南文化即岭南地区的人民千百年来形成的具有鲜明特色和绵长传统的地域文化，是中华文化的重要组成部分。由于偏处一隅，岭南文化在秦汉以前基本上处于自我发展的阶段，秦汉以后与中原文化的交流日益频繁。明清以至近代，域外文化不断传入，西学东渐，岭南已经成为传播和弘扬东西方文明的开路先锋，涌现出了如陈白沙、梁廷枏、黄遵宪、康有为、梁启超、孙中山等一大批时代的佼佼者。在20世纪70年代末开始的改革开放的浪潮中，岭南再一次成为试验田和桥头堡，在全国独领风骚。

在漫长的发展过程中，岭南文化形成了兼容、务实、开放、创新等诸多特征，为古老的中华文化的丰富和重构提供了多样态的个性元素和充沛的生命能量。就地域而言，岭南文化大体分为广东文化、桂系文化、海南文化三大板块，而以属于广东文化的广府文化、潮汕文化、客家文化为核心和主体。为了响应广东省委、省政府建设文化大省的号召，总结岭南文化的优良传统，促进岭南文化研究和传播的繁荣，在广东省委宣传部的指导和大力支持下，暨南大学出版社组织省内高等院校和科研机构的专家学者编写了这套《岭南文化书系》，该书系由《广府文化丛书》、《潮汕文化丛书》及《客家文化丛书》三大丛书共30种读本组成，历史胜迹、民居建筑、地方先贤、方言词曲、工艺美术、饮食风尚无所不有，试图从地域分类的角度完整展现岭南文化的风貌和精髓。在编写过程中，我们力图做到阐述对象的个性与共性相统一，学术性与通俗性相结合，图文并茂，雅俗共赏。我们希望这30种图书能够成为介绍和宣传岭南文化的名片，为岭南经济和文化建设的再次腾飞提供可资借鉴的精神资源。

需要说明的是，本书系曾获批2009年度“广东省文化产业发展专项资金”资助项目，在项目申报和丛书编写过程中，广东省委宣传部的领导多次给予指导，并提出了许多宝贵的意见；中山大学、华南理工大学、华南师范大学、广州大学、韩山师范学院、佛山科学技术学院、韶关学院、嘉应学院以及暨南大学的有关领导和专家学者也给予了大力支持和帮助，在此我们一并致以诚挚的谢意！

《岭南文化书系》编委会

2011年6月18日

关于“潮汕姿娘”

潮汕女人之所以被称为姿娘，据说古时原为“煮娘”之意，即煮饭的娘子。也有文章解释姿娘为说话轻声细语、委婉温存的女子，因为从姿的字义上解释，为声音令人愉悦、有可人容貌、有轻盈体态的美丽娘子之意，所以姿娘都应该是美貌的女子。其实，姿娘就是潮汕男人叫开来的。有意思的是，潮汕男人还称呼自己的老婆为姿娘人，其实这也是从姿娘引申过来的。

许多年前，我看过潮州籍著名画家林墉写的一篇纪念母亲的文章。它描述了母亲早年在潮州家中操持置办年节的前后过程，还有其母亲对亲朋好友的迎来送往。母亲身上传统潮汕姿娘特有的细腻、精致的生活态度，女人温良恭俭让的言行举止，必要进行的礼节程序，点点滴滴的细节，无不体现其母亲聪明、智慧、贤淑、温情的处事方式，让人久久不能忘怀……

其实，在潮汕大地上，大多数潮汕姿娘无论是在城市，还是在乡村，自小都受到了严格的家庭教育，从做姿娘仔开始，或多或少地从老一辈的言传身教，潮剧、潮州歌册唱本及乡间受到“三纲五常”、“伦理道德”的熏陶，学剪纸、学绣花、学女红，剪刀和针线活拿起来都是一把好手。长大后出嫁作为人家的媳妇、男人的妻子、孩子的母亲，竭尽全力为家庭无私奉献。在封建社会，在战火纷飞的年代，在经济困难时期，家家都有一本难念的经，但每在大难之时，潮汕姿娘为了家、为了丈夫、为了孩子，都能无私奉献，以至达到忘我的境界。特别是当年的红头船满载着潮汕男人远涉重洋背井离乡去谋生的时候，多少潮汕姿娘还是刚“出花园”就穿上嫁衣的小女人，是男方为了出外谋生娶来侍奉公婆、生儿育女的，丈夫走后，潮汕姿娘怀胎

十月，把孩子生下来、拉扯大，十几年过去了还不见丈夫身影的也不在少数，潮汕姿娘牵肠挂肚，等待丈夫衣锦还乡、荣归故里，为生活所迫，针线刺绣、抽纱样样能来一手，她们以心灵手巧换取工钱，贴补家用。而唯一能让她们心安的是，丈夫定时托人寄来的“番批”……每当看到这些关于红头船的资料和人物故事，笔者脑海中就浮现出那些当年在凄风苦雨中守望家门、牵肠挂肚等待丈夫衣锦还乡、荣归故里的潮汕姿娘。据了解，后来潮汕姿娘大都能够如愿以偿，等来衣锦还乡、荣归故里的丈夫。如今这些潮汕姿娘很多都是太祖母辈了，但是她们的曾孙、曾女辈也许已是新一代潮汕姿娘中鲜为人知的佼佼者，也许她们之中有的正是本书所写的潮汕姿娘中的主角呢。

如今，潮汕姿娘沿着一千多年的历史轨迹一路走来，代代相传。由于根植于地域文化深厚的土壤及受海洋文化的浸润，现代潮汕姿娘生活中仍然保留着很广泛的优良传统。她们对人情世事的张罗，迎来送往，可谓入得厨房，出得厅堂，种种操劳过程，有苦有累，亦有甘有甜，看起来繁琐细碎的家务事，磨砺着潮汕姿娘的心志。后来，她们有的在改革开放的经济大潮中一展身手，其中当然也包括各行各业的精英或拔尖人才。我感觉到这些潮汕姿娘正如散落在潮汕大地上的珍珠，当用潮汕文化这根红线把她们串起来时，即使跨越千年时空，也能熠熠闪光……

目　录

一、潮汕剪纸，俗中求新“姿娘”掌门

剪纸，曾经是潮汕姿娘自小习得的民俗工艺之一，特别是在潮阳这个地方，每逢时年八节，在整只煮熟的家禽、牲畜拜祭品上，经常可以看到贴在它们身上的剪纸图案，本来面目丑陋的三牲、家禽，经潮汕姿娘贴上相应的剪纸之后，变得各有表情，好像三牲、家禽也心甘情愿为了名目繁多的各种节日、祭祀作出牺牲。几百年来，潮汕姿娘和潮汕剪纸就是这样和潮汕大地的各种祭神祭祀礼俗相依相随的，默默无闻地为了家族、宗族的年节祭神祭祖作出贡献。除了年节祭祀以外，潮汕各地的婚姻礼俗喜庆活动也需用剪纸，表示吉祥如意。即使是贫穷人家嫁女儿，嫁妆也以剪纸双喜叠盖在物品上，寓意双喜临门。因此，剪纸也是潮汕姿娘世代相传的女红手艺之一，无论是贫穷还是富贵的人家，这些都是严格要求姿娘仔必学的事情，正如针线活、制作香包、绣花一样，看着自己的母亲怎么做，从小就跟着怎么做，心灵手巧的潮汕姿娘就是这样历练出来的。

潮汕姿娘中也有朝着艺术方向发展的剪纸艺术家，如老一辈著名的剪纸艺术名家江根和能剪善绘，造型能力较强，在众多题材中以潮剧戏曲人物故事连环画剪纸最为出色；杨雪友的婚俗喜庆吉祥的方巾花和时年八节的大粿花；罗瑞瑜的熏稿剪纸；李知非的剪纸图样与书法融为一体，相映相衬，独具艺术魅力，等等，这些都是当时潮汕姿娘剪纸不同艺术风格的代表。解放后，这些潮汕姿娘中的剪纸名家受到政府的重视，有关部门为她们出书和出专辑，让她们带着潮汕剪纸到境外展出或表演，其作品至今仍吸引着大众的视线。

20 世纪 80 年代以后，潮汕姿娘中各个时期的剪纸人才不断涌现，有浓烈民俗特色的潮阳剪纸作品和广东省非物质文化遗产传承人，几乎由潮汕姿娘包揽，如魏惠君、许遵英、陈绵娜等。令人刮目相看的是新一代潮汕剪纸姿娘，即目前在全国剪纸界知名度最高的汕头剪纸艺术家赵澄襄，她的剪纸一开始也受到潮汕民间剪纸的启蒙，后来，她努力在内容和形式上推陈出新，注入自己的情趣、理解和思考，在剪纸的题材上有了很大的突破，不但从传统题材中注入了现代元素，还在材料及颜料的应用上突破了原来的框框，将民俗工艺剪纸升华到新的艺术高度。

2009 年，赵澄襄在马来西亚参加民俗文化活动，并举办潮汕风情剪纸展（澄子供稿）

（一）新情趣新工艺

赵澄襄（澄子），1953 年 9 月出生于广东省汕头市，童年时期，她和父母亲及外婆一直住在市区的仁安街，外婆的女红手工让小小的赵澄襄着迷，外婆教她钩通花、做盘扣、做小布鞋、做布玩具等。逢年过节，外婆和老姨做粿品，中秋张罗拜月，家中民俗氛围很浓。她记得小时候外婆带她去澄海走亲戚，她看到一些表示吉祥如意的剪纸图案被贴在拜祭品上，或贴在婚姻礼俗喜庆的礼盒花篮上。这是她接触民俗工艺的途径之一，也让她在无意中接受了最初的民间剪纸启蒙。上小学时，赵澄襄最初是照《小朋友》杂志上的剪纸临摹，后来是从上海林曦明《怎样剪纸》中学习技法，再后来参加小学的剪纸小组，也曾在一位同学家见到她会剪纸的奶奶，然后向这位奶奶学习“熏稿”样，从复制逐步发展到自己创作。因为她对民间艺术很感兴趣，因此剪纸、木雕、泥塑、嵌瓷、花灯、年画等，甚至街头巷尾的手工摊档，都给她留下了深刻的印象，成为她日后创作乡情题材作品（包括国画和剪纸）的源泉。十五六岁时，赵澄襄到饶平上山下乡插队落户，忙完农活及教书之余，剪纸和画画便是她这个姿娘仔的最大乐趣。回城之后，从事工艺美术及报社美编职业，相关的工作经历让赵澄襄有更多的机会进行剪纸的研究和创作。在此期间，赵澄襄更是创作了大量既继承传统又大胆创新，既有民间剪纸刀法和韵味又具有现代生活气息的作品，并创造出用宣纸和水粉颜料染制的有渐变、融合、对比等各种调子的色纸，以分色、组合、衬贴、复贴等手法制作了一批风格鲜明的作品。这些作品在“中国剪纸世纪回顾展”等多种全国大型剪纸展上获得金奖，并被《美术》、《美术界》、《中国妇女英文版》、《人民日报》等几十种报纸杂志作专题介绍或者刊于封面封底。《花地》、《甜梦》、《安谧》、《月光溶溶》等四件作品入选第四届世界妇女大会“中国女美术家作品展”，并被中国美术馆收藏。剪纸插图《午后的时光》入选第九届全国美术展。

澄子剪纸《摇啊摇》

澄子剪纸《茶缘》

澄子剪纸《虎年》

澄子剪纸《元宵》

澄子剪纸《过年》

澄子剪纸《戊子年》

澄子剪纸《平安里》

澄子剪纸《喜迎鼠年》

澄子剪纸《潮汕乡情》之一

澄子剪纸《潮汕乡情》之二

剪纸贺卡系列在全国贺卡设计大奖赛上获特别创意奖。1993 年岭南美术出版社出版《赵澄襄剪纸集》。作品被引入全国多所大学的艺术欣赏课程，被广东省教育厅编入小学生乡土教材。作品《风和日丽》被全国妇联选为由江泽民同志题字的大型图册《中国妇女风采录》（中国妇女出版社 1998 年版）的封面。1995 年和 2009 年赵澄襄分别在广州、马来西亚举办个人剪纸展览。后来，她曾在佛山图书馆作关于剪纸创作的讲座；多次担任全国剪纸展览的评委，获得第八届中国艺术节“第二届国际剪纸艺术展”之“伯乐奖”。中国画作品入选第八、九、十届全国美术作品展览，第二届全国中国画展，第十二届群星奖展、首届中国美协会员精品展，中法文化年——中国风情当代中国画作品展（赴法国巴黎展出）等。她的作品被中国艺术研究院、浙江美术馆、湖北美术馆等收藏。2011 年 10 月，赵澄襄与先生张伟民、儿子张乐一同应澳门同乡会之邀，前往澳门举办了“岁月和声·澄子伟民张乐作品展”，该展展出赵澄襄一家子的国画、油画、插画、漫画和剪纸作品 96 件。期间在澳门潮州同乡会成立 26 周年会庆晚宴上，赵澄襄代表同乡会向澳门特首崔世安博士赠送她创作的潮汕乡情题材画作《荷风清凉》。目前，赵澄襄已出版画集六种、散文集三本。赵澄襄的作品获得国内美术界及美术理论界的好评。中国美术家协会副主席林墉评价：“赵澄襄剪纸在大量吸取版画趣味的同时，大胆地把不同色纸剪出的形象巧妙地复贴起来，极大地发挥了绘画效果，在某些画面上，甚至连色度和色调也作了新的变化，由此可窥见其匠心与魄力。浏览赵澄襄的作品，总会觉察出一颗细腻的诗意的心。文学意味强烈地散发在她的作品中，我想这或许是因为赵澄襄从来就没有停止文学的遐想。她的散文写得流畅而清美，我想这种文学意味中的诗意就难免时时渗浸到她的剪纸中了。”中国美协中国画艺委会委员、原湖北美术院院长冯今松评价：“澄子的作品堪称物华天趣，她的创作是剪纸、绘画、写作相结合，平易、质朴、感人，是传统文化、民俗文化、潮汕文化和现代审美的统一。”广州美术学院教授、中国画研究院院务委员杨之光认为：“赵澄襄的中国画、剪纸作品具有浓郁的潮汕情趣和鲜明的个人风格。她主攻工笔重彩和小写意。吸取营养是多方面的，有民间剪纸的特点，有版画的力度，有现代艺术的装饰美。她的艺术是兼容和植根于民族民间土壤上培养出来的灿烂花朵，是一首优美的抒情诗。”赵澄襄曾任汕头特区晚报美编部、副刊部主任，主任编辑。现为中国美术家协会会员，中国民间文艺家协会剪纸艺委会副主任，广东省作家协会会员，广东省民协会员，汕头市美术家协会副主席（1996 年至 2011 年 12 月），汕头民间文艺家协会常务理事，汕头画院画师、专栏作家。

在澳门潮州同乡会成立26周年会庆晚宴上，赵澄襄代表同乡会向澳门特首崔世安博士赠送自己创作的潮汕乡情题材画作《荷风清凉》。

（二）俗中求雅求美

潮汕剪纸姿娘大多生长在海边和农村，因为粤东的潮汕地区有着广阔的海岸线，沿海和平原的自然村落中，求神拜佛之风盛行，每逢祭祖祭神，供奉整只煮熟的三牲或家禽，也许一开始只是为了视觉上的美观，姿娘们要用红纸剪出相应的花样盖在整只煮熟的三牲或家禽身上，收到极佳的视觉效果之后，便一发而不可收手，相应地，其花样也剪得愈来愈精美。

粿花（翁志雄摄）

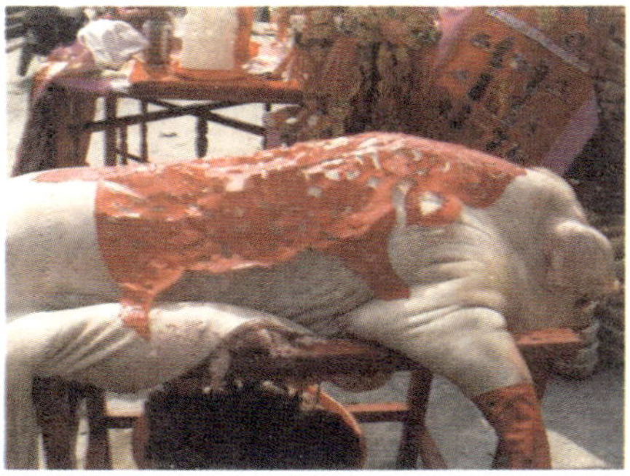

全猪花（翁志雄摄）

正如潮学研究专家黄挺教授在《潮汕剪纸》中所写的：“潮汕沿海平原的居民，历来以农业、渔盐、商贸为生计。从事农业生产，经常要受到自然灾害的威胁。追逐海洋之利，也难免有惊风恶浪的危险。趋吉避凶，于是成为他们最热切的愿望，并在千百年间，积淀为传统心态。求神拜佛的风气盛行，寺院庙宇林立。到宋代，在朝廷命官教诲下，儒家思想逐渐渗入民间，潮州于是有了‘海滨邹鲁’的美称。明代中期以后，受国家礼仪影响，潮州地方宗族崛起，祖先祭祀也得到充分重视。神佛信仰和祖先崇拜，共同建构起潮州民间的节日祭祀风俗。作为剪纸创作源泉之一的民间戏曲活动盛行，迎神赛会也往往成为各路民间工艺好手比试手艺的场所。潮汕剪纸就在这样一种社会人文背景下产生和流播。”

已故的潮州姿娘剪纸名家江根和，原籍前揭阳县云路村，生于清末同治七年（1868），卒于1960年。江根和家境贫寒，17岁出嫁，22岁时丈夫病故，之后不堪婆家翁姑虐待，28岁时逃到潮州市浮洋镇井头村出家为“斋姨”，也曾寄居于潮州市甲第巷五横的尼姑庵中，此后一直在潮州市工作、生活。江根和小时候受到民间风俗活动剪纸的影响，逢年过节或有喜庆节日，长辈忙于操剪铰花，她便也学着用剪刀剪制花样，由此对剪纸产生了兴趣，作品涉及的题材内容极为丰富，有栩栩如生的花鸟虫鱼，有温驯的鸡鸭牛马、猪羊猫犬和各种凶猛强壮的野兽。为了使剪纸更富于艺术表现力，她曾到一位民间画师家里学习绘画，平时也喜欢临摹屋檐、墙壁等建筑物上的图案花纹。她自小还喜欢看潮剧，熟悉每出潮剧中的故事情节、人物形象和人物特点，后来又运用潮剧故事和潮汕民间传说进行剪纸创作。解放后，潮州政府及相关部门让她专心进行剪纸创作，还对她的作品进行搜集、整理。1955年，江根和被邀请参加潮州民间剪纸工艺社，有关部门按高级知识分子的标准给予了她特殊待遇。1956年，中国美术家协会华南分会吸收她为会员，选送她的作品参加全国剪纸展览。如在戏曲人物剪纸中，江根和运用如同连环画一样的连续表现形式，抓住整个故事的主要情节，再把它分成若干幅，像讲故事一样剪，以自己独特的艺术风格，用朴拙、洗练的手法表现戏剧艺术《梁祝》、《西厢记》、《荔镜记》和《三国演义》连环图，受到艺术家们的赞赏。这种艺术处理是剪纸艺术的开拓创新。江根和的作品先后在全国各省、地报刊上发表，北京朝花美术出版社特为她出版了《江根和剪纸艺术》专辑。其作品《三娘挑经》也入选《中国工艺美术》一书。不少作品还送到日本、莱比锡等国际展览会展出，获得了高度评价。由于她勤奋好学，加上几十年的努力，通过一把剪刀和无数张红纸，将自己朴素的情感渗透在一幅幅剪纸作品中。江根和生前曾经谈及剪纸的创作心得：最初是由简入繁，心细手灵，但只能表现浮华好看的效果，不可久观；后来又变繁为简，突出主要人物的表情动作，对主要景物加以夸张，使戏剧内容借以突出，画面显得简明朴实，稚拙中藏巧妙，引人遐想。在剪纸装饰特色上，江根和将多种传统花边纹样应用于人物的衣装服饰及楼台器物上。在画面整体布局上，构图变化多样，有聚有散，节奏有强有弱，黑白有疏有密。其运剪行刀准确、熟练，寥寥几剪，得心应手，看似随意地完成的作品，令人叹为观止。

江根和剪纸（澄子供稿）

江根和剪纸《状元游街》（澄子供稿）

江根和剪纸《过关》（澄子供稿）

江根和剪纸《状元游河》（澄子供稿）

杨雪友（1904—1978），也是潮汕姿娘剪纸名家，幼年失去双亲，被潮州北门外祖师庵一位老尼姑收养，深居庵堂诵经念佛，也学刺绣、剪纸工艺。她心灵手巧，能够制作许多构思新颖、图案清晰、线条纤细的剪纸作品，因而博得众多施主的赏识。施主们常请她剪些粿花、寿桃、双喜等图案贴在礼品和器皿上，她也靠这手艺换取微薄报酬，借以度日。抗日战争期间，因无法维持生活，她只得忍痛放下剪刀，转做小贩。新中国成立后，民间艺人受到人民政府的重视和关怀。她经常搜集、研究前人的剪纸工艺作品，集各家之长来丰富自己的剪纸技艺。1954年，潮州市文化馆举办潮州民间剪纸艺术展览会，杨雪友的作品在展览会上展出，获得观众的好评。她的作品以婚俗喜庆吉祥的方巾花、时年八节的大粿花最有特色，同时吸收了潮绣的特点，多采用对称、对角、放射性、同心圆多层重叠构图，装饰感强，题材多样，造型丰富，生动活泼，形成剔透秀丽、明静清雅的风格。后来，她的作品被选送到广州、北京展出，剪纸作品在《人民日报》等报刊上发表，还有不少剪纸先后在各级报刊上发表。其剪纸作品参加全国工艺美术展览后，由中国美术家协会转赠给日本美术家协会，并在日本东京展出，受到日本友人的称赞，作品被刊登在日本报纸上。由于杨雪友的剪纸以其独特的表现形式和浓厚的地方色彩，受到国内外观众的欢迎，因此，海外的许多客商纷纷要求订购潮州的剪纸作品。于是，潮州民间工艺社应运而生，由杨雪友担任工艺社的副主任，其创作热情高涨，大量的剪纸作品就是在这个时期被创作出来的，其中《花篮》的画面简洁洗练，点、线、面配合巧妙，显示了作者高度的艺术概括能力。《公鸡》和《百鸟朝凰》更是线条疏密匀称、形象生动、寓意深刻，较为全面地反映出她的创作特色和艺术风格。改革开放初期，杨雪友已年逾古稀，但她仍手不离剪刀，临终前创作的《双喜》剪纸还被选送参加了广东省民间美术展览。

杨雪友剪纸《双喜》（申楚云供稿）

罗瑞瑜的剪纸风格相对接近于杨雪友，她一生创作的剪纸作品数以千计。“熏稿”是其突出的风格。她制作的“熏稿”剪纸，先是熏拓，即在一叠纸上打水、固定，再把煤油灯开到冒黑烟，利用黑烟来熏这个稿，纸面上很多细小的地方都要熏出来。熏稿以后，在制作过程中把纸做成钉的形状，然后把它放在各层的纸片当中，用纸钉把它固定住，然后就可以剪了。如碰上有圆圈的时候就要先剪，圆圈其实就是像眼睛一样圆圆的花丝，由里到外，特别是弧形比较大的时候，就要卷起来，才不会弄断，而且越小越细微的圆圈越要先剪，要由里到外，剪刀扎下去的时候，一定要扎到这边的手指头，让手指头感觉到刀已经穿过了纸，只有穿过了纸才能整齐，才显得好看。最近从一些资料上看到她的孙女纪丹苹也承继了罗瑞瑜的剪纸技艺，纪丹苹从小耳濡目染，痴迷于剪纸艺术，十几岁的时候已经练就纯熟的剪纸手艺，从穿纸捻、熏样到剪制都能像其祖母罗瑞瑜那样熟练准确、得心应手，成为新一代的民间剪纸能手。杨雪友、罗瑞瑜两位剪纸艺人的作品有一个共同的特点，就是作品图案简洁，装饰性强，刀法精细，线条工整挺秀，纤巧天成，惹人喜爱。她们都擅长花卉、鸟蝶、团花剪纸，给人纯朴、明快的抒情美感。罗瑞瑜的剪纸作品与江根和的剪纸作品曾由当年的民主德国出版专集。罗瑞瑜的《鸳鸯戏莲》，构思精巧，布局优美，寓意深长，堪称剪纸之精品。

罗瑞瑜熏稿（澄子供稿）

罗瑞瑜剪纸《团花》（澄子供稿）

（三）出手如在剪下

李知非及其母亲还有女儿黄梦蝶，外祖母、母亲、女儿三代，也许还有四代、五代、六代，代代相传，是潮汕姿娘中无数民间剪纸典型的缩影。

李知非1912年出生于澄海，澄海有很多会剪纸的姿娘，李知非的母亲就是当地的剪纸能手。那时，年幼的小知非总是围在母亲的身边，看母亲在一片红纸上舞动着剪刀，片刻工夫，或是一只展翅的蝴蝶，或是一幅喜鹊登梅就到了李知非的手上。周围人家逢有嫁女儿，母亲总是剪许多“糕饼花”贴在糕饼、寿面、鸡蛋等礼品上，那活灵活现的形象，李知非看了又看，爱不释手。7岁那年，她开始跟母亲学剪纸，14岁时，李知非就能剪出当时农村过节和办喜事所需要的全套装饰剪纸，其技艺水平已超过她母亲。李知非婚后两年，丈夫生病去世，她一直没有再嫁人，之后历尽沧桑辗转到广州。解放后，她在一位文化人家中帮忙，闲时常剪纸供主人的孩子玩耍，如佛手花、石榴花、小鸟、兔子、天姬送子、刘海戏蟾等。李知非的作品工整精巧、玲珑剔透，十分精细。后来，其剪纸技艺被一位艺术界人士发现，李知非被安排到广州文化公园工作，从此她的生活和剪纸艺术出现了重大转折，她的视野更为开阔。她不仅继承了潮汕民间的剪纸艺术传统，而且广泛吸收各种艺术表现手法，不断创新，形成了独具个性的风格。例如《百花争艳》，花篮中的花卉各异，周围蝴蝶飞舞，作品构图巧妙，繁而不乱，情景交融，构思精巧，风格细腻，形象优美，既有浓郁的生活气息，又充满浪漫色彩。在艺术手法上，她善于采用虚与实、黑与白、粗线与细线、曲线与直线等对比方法来增强艺术效果，并创造性地将图案与书法相结合，产生互相烘托的效果。如在图案中将潮汕民间剪纸配以“福、禄、寿”中的篆、隶、行、草、楷各种字形，并与各种花样密切结合，使图样与书法融为一体，相映相衬，独具艺术魅力。晚年，李知非的剪纸作品特别求精，有时，她剪一幅作品要花几个星期，常常是一坐几个小时不停地剪。在《百花争艳》中，光小孔就有上千个，竟是一气呵成，无一处断开。细密心思，可以想见。20世纪60年代初期，她的作品被推荐与“中国妇女画展”赴芬兰和瑞典展览。1989年秋，广东省美术家协会等单位特为她在省民间工艺美术馆举办了“李知非剪纸艺术展”。在美国加州大学专门研究中国美术史的马丁教授看后欣喜地说：“我在美国看过一本由德国人编辑出版的《中国民间剪纸集》，里面共有剪纸100幅，但它们都不及李知非的剪纸那样丰富优美。”李知非在展览后将200多幅精品捐赠给广东民间工艺馆，由该馆精选结集出版，潮汕剪纸艺术成就受到了海内

外行家的关注和赞赏。

李知非的女儿黄梦蝶，从小就过继给姨妈，十几岁时她开始与李知非一起生活并跟随母亲学习剪纸。黄梦蝶在母亲剪纸时，“总是坐在一旁，凝神息气，想弄明白那把小小的剪刀是如何上下翻飞、变出一朵朵艳丽的鲜花的。刚学的时候，母亲教了她基本功，让她剪一些简单的花。所谓基本功，就是将画稿与四张蜡光纸叠起来固定住，那时，母亲用的是纸钉。一层蜡光纸太薄没法剪，太多剪出的花纹不流畅，单底太薄又难以掌握。四层是几辈人验证过的，正合适。至于纸钉是用扎钱的纸条捻成的，哪里可以扎纸钉，哪里必须留空，这些都要自己琢磨”。这是曾在几年前看过的一则关于李知非及其女儿黄梦蝶的报道。这则报道上写着：黄梦蝶当时还即兴拿着一把特制的大约半厘米长的尖嘴剪刀，在一叠纸上，两三剪就剪出一幅鸡菊图，花卉家禽，圆外秀中，动静和谐；并拿出一沓沓剪纸作品，说这是她几十年来的一些创作，大花篮、西关小姐、门神、大雄鸡、寿桃等，人物形象生动传神，花卉果蔬栩栩如生，线条流畅。黄梦蝶没学过画画，可是无论是花儿鸟儿还是各种人物，她都可以闭目如在眼前，出手如在剪下。她说，这些来自母亲李知非的点拨。黄梦蝶剪过黛玉葬花，用的是线条，留空很多，突出了林妹妹弱不禁风的样子，她说：“这是母亲教的，用这种虚的手法表现人物瘦弱的特点。如果是小幅剪纸一般不用起稿，直接在色纸上剪，几分钟就可以剪出一朵鲜艳的小花、一条活蹦乱跳的小鱼或形状各异的小动物。如果是大幅剪纸就不同了，起的稿只是个参考。”

黄凤珠是揭阳一中的美术老师，她既继承了传统的剪纸技艺，又摆脱了传统剪纸常用的单色，把现代设计的理念融入剪纸艺术中，在内容题材、表现手法上大胆创新，具有传统中有现代、朴实中有浪漫的特色。其剪纸作品参加全国、省、市展览并获奖，曾应香港潮州商会邀请，赴港表演剪纸艺术。

（四）“赛桌”上的亮相

“潮汕剪纸的题材主要有四大类：人物，包括戏曲故事人物和神仙造像。瑞兽祥禽，如龙、凤、麒麟、鸡（吉）、羊（祥）、猴（侯）、鹿（禄）、猫（耄）、蝶（耋）等，最常见的纹样是凤凰朝牡丹（牡丹凤凰）。花鸟虫鱼，如喜鹊登梅（眉）、三狸（利）争柿（市）、鸳鸯戏莲、五福（蝙蝠）朝寿等。还有各种随物赋形的礼品、祭品装饰花样，如猪头花、鸡花、鱼花、龙虾花、粿花、芭蕉花、柚花等。潮汕剪纸可以明显区分出两种地域风格。潮阳风格的剪纸作品一种是‘去地留花’，即用剜空的阳剪法。图像纹样主要用剪线来表现，线条纤细，多为短线曲线，剪纹流利，配以少量的块面，‘线线相连’，给人玲珑剔透的美感。潮州风格的剪纸作品多‘去花留地’，即用挖线的阴剪法。图像用大面积色块表现，再在色块中间用阴剪法镂出细部花饰、纹理，‘线线相断’，装饰性很强。当然，这种区分不是绝对的。潮阳风格的剪纸作品会结合采用阴剪法，但其阳剪线条精细，阴剪纹线则比较简朴。潮州风格的剪纸作品也会结合采用阳剪法，而与潮阳相反，其阳剪线条粗壮，阴剪纹线则非常工整。因此，要区别出这两种不同的风格并不难。不过，潮汕剪纸总体上还是表现出了一种秀美的审美风格，以剪工的纤巧、精细区别于其他地域的剪纸。潮汕剪纸最主要的刀法有‘月牙’和‘剎丝’两种。‘月牙’，指或长或短，或大或小的各种形态的弧形剪线。‘剎丝’，指或疏或密，或阴或阳的各种形态的锯齿形剪线。还有一种很有特色的刀法，叫做‘暗刀’，或‘压刀’，即在纸背用剪刀或者骨簪之类的工具凹压，而在纸面造成浮雕效果。”（黄挺《潮汕剪纸》）

1997 年被广东省政府命名为“民间艺术剪纸之乡”的潮阳市，在 20 世纪 80 年代挖掘整理民间剪纸工作中搜集到 800 多件作品，其中一件是司马浦镇的《蝙蝠》，它用棕色丝纸剪成，据考证作于清雍正年间，这是目前潮汕地区所见的最早作品。汕头大学长江艺术与设计学院陈志民副教授在他的《潮汕民间剪纸艺术特色及海洋性民俗文化特征——兼论民间剪纸艺术文化遗产的保护与传承》中写道：“潮汕濒临南海，气候变化无常，自然灾害较多，为祈求风调雨顺，出海平安，五谷丰登与岁岁平安，历史上形成敬神明、祭祖宗、施孤鬼、游神赛会的各种风俗习惯，民众向海讨生活，对大海特别有感情，又敬又畏，祭拜妈祖十分隆重。潮汕节多，民俗文化活动历来多姿多彩，可谓是民俗文化的一道亮丽的风景线。时年八节、婚丧寿宴、敬祖酬神、祭拜的民俗十分隆重，一直有‘赛会’、‘赛桌’的传统民俗习惯，也是各种民间艺术争奇斗艳的大比赛。‘赛会’的花灯、‘赛桌’

的‘五牲’粿品大多要以剪纸作装饰，供品上贴的剪纸，潮汕民俗称之为‘大钱’，据称最大的剪纸花可达几米，可谓百花荟萃，令人眼花缭乱。”潮汕人好客好胜，“赛桌”上的亮相，不仅要看谁家供品最丰盛，还要看谁家供品上贴的剪纸最出彩、最标新，也是看谁家屋里的女人最心灵手巧、最贤惠。一个“赛”字引出无数的变化，同样的题材、同样的粉本，到了潮汕姿娘手中，竞技才艺推陈出新，创造出令人叫绝的艺术佳作。这一切不仅是赛物质的丰俭，更是赛巧思、赛才艺、赛家风、赛家中是否有能人。潮汕人爱“面子”，有“面子”靠的是综合实力，这在“赛桌”上表现得淋漓尽致。在潮汕传统婚姻礼俗中，女孩出嫁时，其陪嫁礼品上饰以剪纸吉祥花，而这些亮相的剪纸往往是考察新娘“家风”、“才艺”的重要标志。在潮阳众多戏曲题材的剪纸中，体现了很多传统剧目，服装饰品均具有明代特点。很多潮剧的人物故事情节和人物的服饰扮相为许多农村妇女所熟悉，如“薛丁山与樊梨花”、“荔镜记”、“桃花过渡”、“陈三五娘”等，民间赛会的大型广场舞蹈如“英歌舞”、“八仙过海”、“梁山伯与祝英台”等；鞭挞生活中那些丑陋习俗，如“不用偷牵猪”、“烟公”等也成了剪纸的题材。很多农村妇女的历史知识，对美与丑、善与恶的爱憎认知，都是从戏曲故事中获得的。而这又使她们获得了创作的灵感，剪起来得心应手。元宵灯会赛灯，各式各样的宫灯、戏曲人物故事剪纸美不胜收。于是，会剪纸的潮汕姿娘从戏曲及民间故事中寻找题材，从现实生活中提炼主题，在技艺上精益求精。

（五）“花姆”民间传艺

老一辈潮汕姿娘中的剪纸能手，剪纸时依照一定的样本行剪，如在潮阳，这些样谱均由邻里乡亲称为花姆的女性长辈所珍藏，代代相传下来得以保存，在邻里、家族之中世代相传。潮汕姿娘剪纸能手，几乎都是在姿娘仔时，就开始拿着小剪刀跟随母亲或邻家姐妹学剪纸。无形的责任感让被称为花姆的女性长辈把剪纸样本一代传给一代，历经几百年得以保存，进而在邻里、家族之中世代相传。

“流传中的每一个纹样，从甲地传到乙地，从娘家带到夫家，小姑传给妯娌，姑娘向邻家阿姆借用煤油灯熏个花样，讨个绣花粉本。某些传统题材的纹样，原样可能较为粗糙，但传到某地聪慧的花姆手里，再经过其中心灵手巧者的变化，这种‘离谱’或‘脱谱’造就了新的花样，而这些新花样又如香花引蝶，吸引和影响周边地区的剪纸姿娘。”（陈志民《潮汕民间剪纸艺术特色及海洋性民俗文化特征——兼论民间剪纸艺术文化遗产的保护与传承》）这些民间剪纸“花姆”，人生大多有某种特殊经历，对生活有着更多的切身感悟，以剪纸寄情，或以剪纸为辅助谋生手段，年复一年，剪纸成为人生不可割舍的一部分。唐代徐延寿的诗写道：“闺妇持刀坐，自怜裁剪新。叶催情缀色，花寄手成春。”这些民间剪纸“花姆”虽然人生坎坷、历尽艰辛，但是在这些民间剪纸“花姆”的剪刀下，生活是如此灿烂和充满阳光，外人无法看到她们的忧伤和血泪。

“花姆”传授剪纸技艺

有人将剪纸比喻成旋律优美的民歌极有见地：“剪纸心中话，手高话语多，里外都唱戏，出出讲吉利。”这些民间剪纸“花姆”还是善歌能手，有的边剪纸边哼唱潮州歌册、潮汕民谣，自娱自乐，开朗豁达，自然使很多民间剪纸“花姆”得以长寿。如金灶镇金溪乡蔡名英老人，邻里称之为猴弥姑，剪纸技艺由她母亲所传。蔡名英出生于富贵家庭，早年曾差奴使婢，后来因父亲早丧，家道中落，她遂与母亲相依为命，终身不嫁，以剪纸为生。左邻右舍的姿娘仔向她学习剪纸，她也乐于传授。经她传授的门徒有蔡婉华、蔡映娟、蔡耀葵、蔡伟华等。蔡名英老人于 1999 年去世，享年 84 岁。铜盂镇胜前乡的剪纸“花姆”张佩龙老人，95 岁，幼年时由她母亲周美粉传授，乡里一家饼铺常年向她订购剪纸；和平镇塘围乡的姿娘马文香，70 岁，剪纸技艺是由她祖母木桂姆传授。潮阳民间虽没有专业出售剪纸的作坊，但作品却依附当地的饼食店或香烛纸札店为销售渠道，以商品形式在民间流通。这种凝聚与扩散是民间艺术传播的一种特殊方式。

“潮阳剪纸风格的特点是清秀纤巧。其中以马凤仙、新寨婶、郑雪兰、马文香、李玉香的戏曲人物、供品花剪纸最有代表性。”（陈志民《潮汕民间剪纸艺术特色及海洋性民俗文化特征——兼论民间剪纸艺术文化遗产的保护与传承》）不识字的潮汕姿娘的聪明才智在日常生活的世俗需求中得到充分发挥，潮阳民间剪纸也就是在这一生态环境中形成从未断裂的传承生态链。潮汕妇女工于女红，从小绣花，练就一双巧手，也练就一把巧剪，很多剪纸本身就是来自绣花粉本的变化。所以，潮汕称剪纸为“铰花”。潮汕男人称女人为“姿娘”，“姿”为美态，一个“姿娘”美不美，称为“雅不雅”，“雅姿娘”中的一个“雅”字，浸润古声古韵，包含行为举止，待人接物。潮汕男人评判美人，美的标准是不但要有外在美，同时要有内在的秀和贤。可见，潮汕男人比较注重姿娘的美——她的内涵和含蓄，这体现了潮汕男人儒雅的人文素质。在这些“雅姿娘”的尖尖剪刀下，潮汕民间剪纸清雅脱俗格调的形成自然是“水到渠成”的了。

（六）新人新作不断

前不久，作为广东省非物质文化遗产传承人的民间剪纸能手魏惠君、许遵英、陈绵娜等就是承接了老一辈潮阳民间剪纸“花姆”的风格，并不断将之发扬光大的新一代佼佼者。

2007年8月，在山西大同举行的“第三届国际剪纸艺术展”上，汕头市潮阳区魏惠君的剪纸《家乡三瑰宝》在艺术展上夺得金奖，该作品长1.2米、宽1.16米，历时两个多月创作完成，也是魏惠君创作过的最大件作品。魏惠君在创作中，把潮阳民间三瑰宝笛套、英歌、剪纸的人物造型居中构成主体，四周则以潮汕地区的特色民居为装饰，把三瑰宝的形态特征及海滨地区的生活特征体现得淋漓尽致。

魏惠君对剪纸的喜爱，起源于家乡的时年八节。在她还是孩童的时代，经常见祖母剪各种花色的剪纸，觉得充满奇趣。于是，六七岁的她便趁祖母不注意，偷偷拿起剪刀，从最简单的“贵人”、“喜”、“寿”字开始学起。后来她发现自己逐渐对美术产生了浓厚的兴趣，于是报读了汕头工艺美术学校。美术学校的绘画技巧与构图、造型知识，给她的剪纸创作打下了扎实的基础。2001年，魏惠君在区文化馆工作，她收集了许多民间祖传下来的剪纸花样，认真观摩学习，并在此基础上摸索出自己的创作风格，同时不断吸收新的灵感和元素，在继承潮阳剪纸传统的基础上用现代题材先后创作出了《十二生肖》、《红红的日子》、《盛世英歌》、《谐》、《吉祥三宝》等反映古朴民俗和时代精神的优秀作品。这些作品在全国各地的各种艺术展览中获得殊荣。

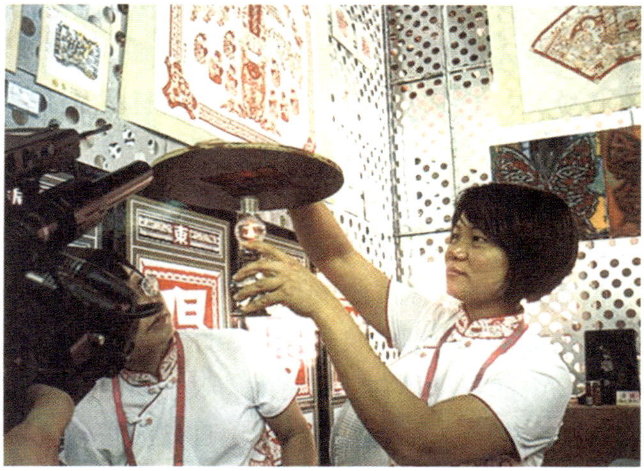

魏惠君、许遵英

2010年11月，第16届亚运会在广州举行，潮阳剪纸传承人陈雁淑特意创作了一幅剪纸《吉祥如意乐洋洋》带到亚运会展馆，这件长1.6米、宽0.6米的剪纸，以金色的广州亚运标志为中心，充分结合中国传统文化中的吉祥元素，以龙凤呈祥、祥云如意、牡丹献瑞的典型图案，结合其所熟悉的潮阳英歌舞，构筑出了一派喜气洋洋迎亚运的热烈氛围，充满了浓郁的潮阳传统剪纸风格，被亚组委正式予以收藏。另有作品《普天同庆》获北京2008年迎奥运剪纸大展金奖。

2010年，揭阳市女青年剪纸艺人谢燕珊的作品《良辰美景》（系列专题）参加“全国七夕女红手工艺大赛”。结果，其作品以大胆、开拓、突破、创新的特点，体现潮汕丰富多彩的“七夕风情文化底蕴”而荣获铜奖。

纵观潮汕剪纸姿娘，因她们所处的历史时期、年代不同，故她们的作品自然也有各自不同的风格，并打上时代的烙印。前期有文字记载、实物剪纸作品留传至今的潮州剪纸姿娘江根和、杨雪友、罗瑞瑜、李知非，还有汕头潮阳的剪纸“花姆”等代表人物，大多出身贫寒，以剪纸手工艺作为养家糊口的一技之长。她们之中有的是从清朝末年一路坎坷走来，跨越了封建社会、民国时期，直至解放后，新中国人

民当家作主，剪纸姿娘才受到政府的重视，也才改善了生活环境，精神面貌才焕然一新；而生在新中国长在红旗下的潮汕剪纸姿娘，由于社会背景不同，成长道路也决然不同，如赵澄襄从上山下乡（到偏僻的饶平乡村），直至后来成为特区晚报美编主任，都能凭着对剪纸艺术的热爱，利用一点一滴的空余时间搞创作，力求在俗中求新，不但在传统题材中注入了现代意识，还在材料及颜料的应用上突破了原来的框框，将民俗工艺剪纸升华到新的艺术高度；有的潮汕剪纸姿娘随着生活的变迁离开潮汕本土，虽身在异地，却能拿起剪刀剪出有时代特征的优秀作品。如身在广州的黄梦蝶等都充分展示出各自独特的艺术创造力；还有沐浴改革开放春风，对潮阳传统民俗剪纸的传承和发扬作出贡献的剪纸姿娘魏惠君、许遵英、陈绵娜、陈雁淑等在许多重大赛场中都有非常突出的表现。限于篇幅，还有很多潮汕剪纸姿娘在本书中未被提及，但她们同样用自己灵巧的双手剪出了色彩斑斓的新时代、新生活。

二、刺绣抽纱，“姑嫂鸟”啼血说古今

大多数潮汕姿娘从小受到严格的家教家规约束，小小年纪十指纤纤，绣花、织布、缝嫁衣等各种传统女红早已成为她们信手拈来的日常生活中必不可少的“功课”。有些家庭经济拮据的姿娘，还要依靠绣花帮补家用，与此同时，也将潮绣技艺和绣品不断创新，不断推上一个新的高度。如潮州北郊明代古墓中出土了大量绣品，其中的明代织锦官袍，绣有孔雀、牡丹、衣、鞋、帽、被、枕及手帕等。由此可以看出，潮州刺绣技艺在当时已经非常高超。后来潮州刺绣随着时代的发展创新，以龙凤、花卉、飞禽走兽为题材，主要有日常用品、祭祀用品、欣赏用品、戏服装饰品四大类，这些越来越多的潮绣品类，绝大多数都是通过不同朝代好几辈潮汕姿娘的手一针一线绣出来的。

潮绣“吹箫引凤”挂屏（杨坚平供稿）

（一）相信美丽传说

水云读小学时，因家长工作调动经常转学，小学四年级以后，她和弟弟妹妹就与祖母一起住在潮州市府仓内的一座二层小楼上，每到下午放学回家，她看到祖母在绣枕头花，就伏在祖母的膝上，看祖母绣花，有时趁祖母起身煮饭，就坐到祖母的位子上，拿起祖母放下的针线接着绣。到了晚上睡觉时，她躺在床上就缠着祖母讲故事，祖母很宠爱她，一只手摇着葵扇，另一只手帮她抓痒，还能随口说出很多动人的故事，那时是一天中最美好的幸福时光。

祖母脑海中有很多讲不完的故事，但给她印象最深刻的是“姑嫂鸟”的故事。她后来知道“姑嫂鸟”有好几个版本，但祖母给她讲的是以下这个版本：传说有一对聪明、美丽、勤劳的姑嫂，不论是什么样的花，只要她俩见过的，就都能绣出来，而且绣得活灵活现。她俩商量好了，要绣遍所见过的每一种花。于是经过长时间的描绣，每一种不同的花都绣过了，唯独杨梅花还没绣成。原因是杨梅花开在三更半夜，而且开了就谢，谁也没有见过。姑嫂俩暗自商量好，要在杨梅花季的某一个夜晚，到南山上的杨梅树下守候杨梅花开。没过多久，约定的时机到了，姑嫂俩相携而行，带上花规（用藤木制成两个圆形圈，钉实，用布条裹着，再将两个圆形圈叠合成一个，用来固定、拉紧绣花布的工具）、沙包（用来压住花规、插针线）等用具，夜上南山密林深处，等待杨梅开花。那天晚上，月明星稀，姑嫂俩等啊等啊，她们的衣裳都被露水打湿了，冷得直颤抖，直到半夜，姑嫂俩欣喜若狂，终于看到杨梅开花了，姑嫂两个借着月光穿针引线，边看边绣了起来。突然一阵强风吹来，深山老林里窜出来一只南山猛虎，张开大口扑向嫂子，咬起就跑，嫂子“啊……”了一声，鲜血染红了花规。小姑抬头一看被吓得昏倒了，醒来时已不见了嫂子，她手捧着殷红的花规，一边痛哭一边呼唤着：“嫂啊，嫂啊……”小姑找遍了一个又一个山头，都没有找到嫂子，最后在一声声的呼唤中化成了一只杨梅鸟。从此，每当杨梅花开的时候，人们就会听到绵绵不绝的悲啼声——“嫂啊，嫂啊……”后来人们都叫它姑嫂鸟。

神话传说“姑嫂鸟”（姚建平画）

“姑嫂鸟”凄美的故事无数次打动着水云，每到杨梅花开时节，她总是隐隐约约听到密林深处姑嫂鸟断断续续的悲啼声，即使身处闹市，也同样能听到，这声音仿佛来自天籁，向世人诉说着潮州姿娘及其刺绣的故事。此后，祖母还和她讲了潮州民间传说的“刘明珠绣制百宝珠衣”的故事，据说该故事后来改编成潮剧并被搬上银幕发行海外，“文革”后才在潮汕本地发行。

（二）姿娘勤于女工

古往今来，有太多的潮州姿娘与潮州刺绣的故事，这些故事影响了一代又一代的潮汕姿娘。据相关资料记载，在唐代，潮州就已盛产“蕉葛”、“麻布”、“蚕亦五收”。当时的潮州已有刺绣工艺，织绣工艺也随之应运而生。据《潮州志》记载，韩愈贬潮后，提倡妇女外出要“以丝巾帛布丈余盖头蒙面双垂至膝”，这些盖头蒙面的丝巾均有绣花，后人称之为“韩公帕”。及至明代，潮绣的图案和针法已与现代大同小异。那时候的潮州姿娘自小便学会纺纱、绩麻、织布和绣花。绩，是潮州姿娘的专工，老人和幼童都会绩，即她们把在田间收成时已剥离成片并晒干的黄麻或青麻拿来放在水钵里浸泡，再开成小丝，然后，把一条条几尺长的麻丝用手捻在一起，连成长长的一条，用右手的拇指、食指轻轻地攥，左手也同时配合，均匀地放好。这个过程绝对不能让小孩乱动，否则会乱成一团，不可收拾。

从一些戏剧中看到的细节，我们可以了解到一些古代潮州姿娘纺纱、绩麻、织布和绣花的情况。如《保婴记》中有台词说道：“我七姑哩乱过。”七姑说“乱过”，说的就是麻丝被人不小心搞乱的这种情况。这些麻丝绩成之后，便纺成捆，用来织夏布。还有《芦林会》中的庞三娘唱：“勤耕力绩教养儿婴。”“耕”是织布，“绩”是绩麻，也即绩。到了明代，潮州刺绣更是姿娘们普遍都能掌握的手工艺。如当时的潮州戏文：嘉靖四十五年（1566）刻本《重刊五色潮泉插科增入诗词北曲勾栏荔镜记戏文全集》中，有“五娘刺绣”一出，描述五娘在闺中思念恋人陈三，婢女益春请她刺绣解闷。益春：“（念）捧着绣箧出绣房，金刀金剪尽成双。画花粉笔尽都有，五色线绒绿间红。”“（唱）安排绣床闺房东，挂起罗帐脑麝香。针线箱绣箧，益春常捧，内有五色线绒绿间红，铜箱交（铰）剪对金针。”……“（白）请阿娘刺绣。”五娘：“（白）拙时针线停歇，不免绣一光景解闷。”“（唱）尽日无事整针线，逍遥闲闷心无挂。针穿五色绒共线，绣出麟毛千万般。”万历刻本《重补摘锦潮调金花女大全》中，也有“金花挑绣”一出。这两出戏非常具体地描写了明代潮州民间刺绣的种种情况。剧中女主人或在绣房、绣厅刺绣，或依绣床，张罗绣箧、花规用具，针线箱、剪刀、金针、五色绒线，还有用来画花的粉笔。绣品内容有孤鸾戏牡丹、鹦鹉枝上宿、犀牛望月、四时光景等等，正是民间工艺绣品最常见的题材。据乾隆年间所修《潮州府志》载：“凡女子十一二岁，其母即为预治嫁衣，故织衽刺绣之功，虽富家不废。”康熙《澄海县志》记载：“百金之家，妇女不尽出；千金之家，妇女不步行。勤于女工，帛虽盈箱，不弃其治麻。”由此可见，潮州刺绣在潮汕民间，一般都是姿娘们作为一种日常的手工活而传承下来的。

杨雪友手工绣制的香包（杨坚平供稿）

机绣香包（晓秋摄）

清代潮阳人陈作舟有《潮阳竹枝词》，其中写到潮汕姿娘仔的勤纺织：“绣罢小姑绩苎忙，机声遥度女红墙。织成不向街头卖，待嫁郎时好衣郎。”为未来郎君装扮，是埋藏在怀春少女内心深处的意愿，也是三从四德礼教流传下来的对潮汕姿娘的要求。后来由于社会的发展，对于这类麻丝织物的需求增加，已不仅限于自用和赠送情人亲友，还把多余的拿出去与香闺密友交换欣赏。记得小时候看过与祖母及外婆、外公差不多年纪的人，都穿着“香云衫、亚麻衣裤”，男人还穿着宽松的黑香云布做的合筒裤。祖母缝制唐装衣服，打花结扣子，都做得漂亮，手艺精湛，不少同辈姿娘也来请她示教。她有时还将自己缝制的小件衣物送给好友。此前，潮汕人家夏天用亚麻做短袖衣较普遍，而生活过得相对宽裕，日常所穿用的衣裳，据说就是潮汕姿娘用麻丝织成的，特别透气通风，干爽凉快，轻柔亮丽，经久耐用。姿娘们日常自己在家刺绣，绣手绢、腰带、兜肚、帐眉、枕头、台布等等。后来经过多年的发展，她们不断对绣品的花样更新换代，美丽的绣品逐渐走向市场。乾隆年间，潮州西门外天地坛、布梳街以及开元寺附近，已有绣庄二十多家，刺绣绣品通过汕头口岸输向新加坡、泰国、马来西亚一带，占领南洋市场，特别是带有民间浓厚地方特色的厅堂、佛庙摆设、寺庙装饰的绣品更是供不应求。清同治、光绪年间各个绣庄采取发放加工的办法，组织家庭妇女进行刺绣，绣品大量输往东南亚各国，成为潮汕地区一大副业收入，民间有“潮州姿娘免落田，银针绣出半年粮”之民谚，所有这些都说明潮汕姿娘对潮绣发展作出了杰出的贡献。新中国成立初期，潮州十三家绣庄组成顾绣公会，接着汕头市和潮州市又先后成立了抽纱公司并设立顾绣部，负责潮绣的出口业务。1956 年，潮州市刺绣社联会成立公私合营的潮州市顾绣厂，1962 年正式改名为潮绣厂，后与汕头市同平剧装顾绣社合作办厂。所有企业女绣工占企业职工的绝大多数。在此期间，潮绣艺术得到恢复和发展。揭阳、澄海、饶平、潮阳等地都先后成立了专业刺绣联合社。

澄子画作《风雅潮汕系列》

（三）技艺超越传统

清道光《岭南丛述》载：“清代粤绣工多是广州人和潮州人，特别是潮州绣工为上，皆男子为之，精于女工，为其他省市所罕见。”的确，在清宣统二年（1910），南京举行的南洋第一次劝业会上，潮州有二十四位男性带着《苏武牧羊》、《丹凤朝阳》、《郭子仪拜寿》、《狮子头》、《海龙王头》、《鹌鹑鸟》等通力合作的绣品赴南京参加展览，并被誉为“绣花状元”，曾在那个时候轰动一时。这些获奖的潮州男绣工从此被世人所瞩目。而受潮州传统的“潮绣传男不传女”观念的影响，二十四位男性“绣花状元”中能将潮绣技艺传给女儿的少之又少。但在现实生活中，女孩天性喜欢穿针引线，每天绣花、操持“女红”、精于“女工”的潮汕姿娘占绝大多数。

潮绣手帕

潮绣重工雕平绣法丝手帕（杨坚平供稿）

如蔡玩清，她于清光绪二十七年（1901）出生在潮州府城（今湘桥区）。她的父亲是清末潮州二十四位“绣花状元”之一。随着社会的发展，传统观念逐渐被超越，绣艺也正在被超越，蔡玩清就是其中之一。蔡玩清自当姿娘仔起，就在家庭的熏陶中学会了刺绣，父亲是最好的严师。蔡玩清 13 岁时便掌握了潮州刺绣的各种针法技艺，尤其擅长绒工、金工，能独立绣制成品，在数十年刺绣生涯中积累了丰富的经验，有一套独特的见解，被誉为“绣花女状元”。1962 年蔡玩清被聘请到潮州市工艺美术研究所，专门从事整理潮绣传统刺绣技法。在从艺实践中，她潜心观察，整理出传统纹样数十种，成为潮州刺绣的珍贵资料。她的作品极讲究色彩对比，有一套独特的见解，也符合色彩学的原理。她对绒线的色与光的关系掌握得很娴熟，绣出的作品光艳晶莹、熠熠生辉。同年，蔡玩清被汕头地委统战部授予“二类艺人”称号，并应邀出席广东艺人大会。沈从文在《谈广绣》中写道：“刺绣本属于妇功，除官服和戏装多完成于专业男工之手，其他一切创作，多出于民间妇女农闲业余成就，使用者和欣赏者照例也是多数人民。所以色彩富丽、组织细密实是应有长处，正反映着一定区域人民情感的奔放、生命力的旺盛。中原刺绣从唐宋以来，就已和上层文化相联系，受文人画和宫廷艺术趣味影响格外深。”沈从文还谈道：“广绣有一个特征，为一般谈刺绣的较少道及，就是它始终不受较前或同时文人画影响，还保留女红传统中不可少的巧手慧心，以细密针线繁复色彩自出心裁来进行创作，正如潮州木雕，不受元明以来小说、戏剧、版画影响，独具匠心来进行透雕浮雕，得到成就一样。”其实，沈从文说的那些广绣特征，就是现在粤绣中的主要流派潮州刺绣，只有潮州刺绣才独具这些特征。同时，也只有潮州姿娘才能绣出这些色彩富丽、组织细密，以及用繁复色彩别出心裁来进行创作的地域特色浓郁的绣品。

潮绣钉金绣《狮戏球》小挂屏（杨坚平供稿）

潮汕的绣娘们非常尊敬和崇拜男人中的“刺绣状元”。如对清末“刺绣状元”蔡成子这位多才多艺的人物更是非常崇敬。蔡成子既是画师，又擅长绣艺，而且是潮州二弦的著名演奏家。潮绣传统人物绣“黑面阔嘴”技艺是中国刺绣中独一无二的绣艺，也是潮绣技法中难度高的工种。蔡成子先生在画、绣中体现了独特的功力，难就难在画稿仅仅是画上轮廓线，他凭借自身的艺术素养、造型能力和娴熟的刺绣技艺，在线内“铺棉、垫盖”，并将脸部下半截折开刺绣，两边将腮、嘴拼合成阔嘴状。这项手艺在清末多由男绣工所为，他们中多数是“能画善绣”的艺人，他们对于刺绣“黑面阔嘴”脸部的眉、目、嘴、鼻，以针当笔，有如画上去一样，熟能生巧。这类绣品工值极高。民国初期，名绣工每人每天工值1～2个龙银（即大洋）。潮州人具有勤劳刻苦、精明灵巧之本性，在高报酬的激励下，绣男大胆创新、标新立异，创造出前所未有的技艺就理所当然了。再如解放初期著名刺绣艺术家杜进茂，也是能画善绣阔嘴人物的佼佼者。解放初期至“文革”前，除杜进茂之外，仍有二十余名男绣工在刺绣。现仍然健在的“中国工艺美术大师”林智成就是既能设计又能掌握主要潮绣技艺的特殊人才，他与“中国工艺美术大师”杨坚平先生共同合作的心血力作《九龙屏风》等绣品至今仍为人们所津津乐道。他所著的《潮绣传统针法》总结、列举了近百种针法，主要针法有“过桥”、“銮乾”、“二针锁”、“三针锁”、“三山起”、“打只”、“化针”、“乱针”、“点绣”等。其中独特之处在于垫高绣，即在绣地上铺贴一些棉絮，多少按纹样要求来定，最高有一寸多，然后绣上金丝绒线，使绣物有如浮雕，具有立体感。“二针龙鳞转针”技艺更是达到了刺绣工艺的顶峰。以前对于潮绣的这些高难绣艺，男绣工制作得更好些，但比起姿娘绣花的普遍性，潮汕男子中喜欢绣花的毕竟是极少数，有些只是家族传统，难违父命而被迫去绣花。新中国成立以后，潮汕姿娘在绣艺精湛的男工影响下，女性的自强意识得到张扬，高难绣艺也为更多的姿娘们所掌握。如潮绣传统的纹样程式也特别丰富而工巧，著名潮绣艺人蔡玩清曾总结几十年的经验，积极整理并绣出传统纹样数十种，成为后人学习研究的范本。在色彩过渡或图案边缘转折处，潮绣特别讲究运针的严谨有致，务使画面清晰明朗、潇洒大方。现藏于潮州市工艺美术研究所的潮绣精品《梅花双凤》把潮绣针法纹样的千变万化及严谨清朗表现得淋漓尽致。

潮绣“安济圣王袍”（杨坚平供稿）

潮绣精品

荣获百花奖金杯奖作品《九龙屏》主要绣制者之一的林玩英（1911—2000），是潮州清末二十四位“绣花状元”之一林新泉的女儿。林玩英9岁就开始穿针走线学绣花。17岁时能担负绣花工场的绣件安排及技术指导。1956年，林玩英在抽纱刺绣联社把一生积累的各种传统图案和百余种针法毫无保留地传授给后代。从艺六十年来，她精通潮绣各种绣艺技法，并不断钻研，加以变革、创新。绣出的花卉、人物、飞禽走兽栩栩如生，呼之欲出。

曾参与绣制《九龙屏》的另一位潮州姿娘康惠芳，是广东省工艺美术大师。康惠芳 20 世纪 40 年代出生于潮州，“文革”期间，她父亲因为藏有很多古籍和古字画，家里被划为“黑五类”。那年她 16 岁，当时读书必须出身好，因为“成分”不好，康惠芳被迫辍学，只得停学做针工。一开始，绣“枕头花”是她唯一的出路。康惠芳对潮绣很快就上手，随后进入国营潮绣厂，师从潮绣艺人林玩英，在厂十几年间，她勤学苦练，练就了一手精湛的潮绣技艺。1982 年，她考入潮州市刺绣研究所，被选中参与绣制潮绣大师林智成、杨坚平设计的作品《九龙屏》。参与绣制的《九龙屏》获国家百花奖金杯奖后，康惠芳第一次体会到刺绣带来的快乐。改革开放初期，潮绣产品深受市场欢迎，康惠芳由此看到了潮绣的好前景，她决定自办潮绣作坊，发展市场经济。创业最困难的时期，连工资都发不起，她卖掉了金项链，先投入资金，海外的人来订货时再收点订金，艰难地将生意维持下来。经过一番摸索，她找准了市场定位，设计的绣品开始被认可，生意也逐渐走上轨道。她试图将潮绣的垫高绣与苏绣的双面绣结合起来。经过多次尝试，她成功研究出立体双面垫高绣法，填补了潮绣技法和针法的空白。绣品《金龙鱼》便是她最得意的双面绣作品。此后，康惠芳的作品屡获奖项。2005 年，她绣制的垫绣《下山虎》由胡锦涛总书记选送给加拿大马丁总理；2006 年，双面绣《金龙鱼》获第二届国际（深圳）文博会金奖；2009 年，垫绣《梅兰菊竹》获中国文化遗产“锦绣中华”织绣精品大展金奖；2010 年，双面绣《松鹤延年》获第六届国际（深圳）文博会创意金奖。同年，作为潮绣传承人的康惠芳在上海世博会上大显身手，她绣制的潮绣作品《金色骑楼》作为广东馆的礼品，赠送给来自全世界的重要嘉宾。短短一个月内，礼品从原先订

潮绣钉金绣《九龙屏》（杨坚平供稿）

制的300件一直追加到500多件，并成为上海世博会广东馆的永久藏品。《金色骑楼》的成功绣制是康惠芳在潮绣技艺上的一大突破。康惠芳一生钻研潮绣刺绣针法，擅长潮绣传统针法和技法的结合运用，承前启后，在原来潮绣技法的基础上创新双面垫高刺绣技法，开创了潮绣双面垫高绣法的先河，使传统潮绣技艺锦上添花，更上一层楼。

（四）总是乐在其中

新中国成立之后，潮汕各级政府特别重视培养优秀的女绣工，在许许多多的潮绣获奖作品中，参与创新设计并绣制技艺精湛的潮绣姿娘后来者，除了家族传统从事该行业的，也有从绣艺精湛的潮汕姿娘中脱颖而出的，其中各个时期的代表作中都不乏潮州姿娘的贡献，她们总是乐在其中，无怨无悔，历经沧桑而成为出类拔萃者。

如光绪三十年（1904）出生于潮州的杨雪友，除了剪纸之外，还学习刺绣。在某个时期为了生计，她可以用绣花和剪纸手艺换取微薄的收入，借以度日。因此，杨雪友在潮州特种工艺厂香包刺绣车间当艺人时，她的作品多次在展览会上展出，备受好评。1965年，杨雪友设计绣制的烟袋、针包插、眼镜袋等日用潮绣品，还有飞禽走兽、虫鱼花果等手绣玩具，匠心独具，运用红绿的强烈对比手法，配以潮绣连续纹样图案和金银绒装饰，瑰丽美观，产品远销东南亚各国，广受欢迎。

李淑英也出生于潮州的工艺世家。李家祖辈四代从事潮州著名的“刺绣铁枝木偶”制作，也配有绣品，如床裙、彩眉、老爷袍，大大小小，无所不包。李淑英的祖父李锦泉清末在潮州西马路开设铁枝木偶作坊，被人称为“木偶李”。李淑英从小受到家族制作刺绣木偶工艺氛围的熏陶，8岁时随父亲李文龙学传统刺绣技艺及木偶的制作技艺，同时也绣床裙、彩眉、老爷袍。李淑英说：“以前做‘洋金银’，就是结婚的龙凤挂裙，象征一对新人结婚白头偕老。到‘文革’时，这些都属于‘封、资、修’，只能做枕头花，还有就是绣花鸟和山水。”直到改革开放的春风吹绿神州大地，潮绣创作才迎来百花齐放的春天。1965年，她在潮州绣厂从事刺绣工作。1970年，任刺绣技艺组组长。1980年，被调入刺绣研究所任刺绣技艺辅导员。1982年，其独立设计制作的“刺绣铁枝木偶”帝后、文武大臣、宫女太监等《铁枝木偶》屏套十位人物，被文化部送出国展览并被广东省博物馆收藏。1986年，由轻工部授予“刺绣师”称号、广东省高级工艺美术大师。1990年被国家授予“特级绣师”称号，并再次被轻工业部授予“从事工艺美术行业30年，为我国工艺美术事业作出贡献的著名民间艺人”。2005年，她制作立体垫高金线精品宝鼎系列，被选送至澳门第十三届国际潮人联谊会展示，引起轰动。2006年4月20日至23日，应中国杭州国际休闲产业博览会邀请，李淑英带着徒弟赴杭州参加“民间艺人节”民间工艺展览和民间艺术绝技、绝活表演，令观赏者眼花缭乱、赞叹不已。其带去的潮绣精品《龙凤麒麟》入选2006——中国杭州国际休闲产业博览会“民间艺术节优秀作品展”，并现场演示；《钉金绣梅凤图》获第三届广东民间工艺精品展铜奖。李淑英带去的参展作品还有：钉金立体精粹之作《龙凤宝鼎》、《飞黄腾达》，金绒混合绣《吉庆有余》、《松鹰图》，金绒混合绣《梅凤图》、《麒麟图》、《五龙临福图》，以及被专家评定为“我国刺绣动物中表现最好的作品”的立体绒绣《狮嬉图》共八大幅，还有《麒麟》、《龙传》等八小幅。2007年，潮绣精品《战甲》入选广东省非物质文化遗产保护成果展览与中国非物质文化遗产专题展；同时，《战甲》还与《龙凤宝鼎》、《香永泽长》入选中国民间艺人节精品展，她被授予“全国十佳”荣誉称号；同年，李淑英被确定为广东省非物质文化遗产潮绣传承人。

李淑英绣制观音图（杨小琳摄）

李淑英现场指导绣娘（杨小琳摄）

2009年李淑英带徒弟詹惠娜赴杭州参加“锦绣中华、中国织绣精品大展”，作品《凤穿牡丹》荣获金杯奖。退休以后，李淑英不甘寂寞，先是创立刺绣作坊，在湘桥区民居文化展览馆里授艺带徒。李淑英和她的老姐妹们通过这间小小的潮绣作坊言传身教，向前来参观的客人们展现潮绣绝活，每天都乐在其中。如今她60多岁，仍不断总结传统刺绣技艺和木偶的制作技艺，并整理了濒临失传的潮绣技法，坚持不懈地从事刺绣艺术的研制工作，通过博采众长，她撰写了《论潮绣的针法技艺》等文章，其中有垫绣、板凳绣、过桥绣、钉金绣，有塞金、过纸钉、垫绵等两百多种各式各样的针法技艺，引起行家的关注。

（五）绣娘绣框绣品

20世纪70年代前后，可以说是潮绣发展的一个鼎盛时期，那时候，潮汕地区几乎是“家家摆绣框，户户有绣娘”。从事这一手工工艺的潮汕姿娘达几十万，她们主要分布在潮州、汕头、澄海、揭阳和普宁等地。当时潮州的国营潮绣厂曾拥有女工2 700人，还有大批潮汕姿娘，她们在做完家务及耕种之余，将绣品作为副业领回家来绣的更是不计其数。当时城市、乡村到处都有很多的绣花社，有国营的、集体的，也有生产组性质的，专门让人领回家绣制。水云的祖母就是既在家照顾孙女，又利用空闲时间领花回家里来绣的。那时正值“文革”时期，很多姿娘仔被停课，由于她们还不到参与闹革命的年龄，因此读书之余就跟着祖母学绣花。水云的祖母领回来最多的是枕头花，设计的图案多是花鸟。由于喜欢绣品上色彩斑斓的图案，水云还经常到表姑所在的街道绣花社看她绣制绚丽的绒绣和珠绣。表姑的绣艺精湛，每次用尖尖指甲掰开彩色绒线的动作令水云印象特别深刻。她能绣各种各样的针法，让人看得眼花缭乱，佩服至极，可惜“文革”期间她嫁到乡下去，后来就再也看不到她绣花了。

“文革”后期，潮绣经历了一段时间的低谷后，走向蓬勃发展的春天。20世纪80年代之后，是潮绣发展的又一个鼎盛时期，当时题材更为广泛，画师们在自然美的基础上，经过一番整理加工、提炼取舍，变为装饰性纹样，既要求形似，更要求神似，并以高度概括的凝练线条生动地勾画出各种物体。如人物强调情势，花鸟则强调动态。潮绣珍品的图案设计注重均衡对称，构图饱满，色彩绚丽。主线为金线，并用银线、绒线或单独色勒，或混合针绣，产生金碧辉煌、鲜艳夺目的效果。而潮州姿娘绣出的刺绣珍品，针法变化多样，针脚匀称整齐，针针见针脚。形状层次分明，纹理清晰，物象活灵活现。尤其是钉金垫浮绣的二针龙鳞和鱼鳞技法，即用金线做旋涡状，钉绕成小于图钉盖的圆片，片片相叠盖，鳞之下端可翻动，真如鱼鳞模样生动，达到了刺绣工艺的顶峰。1982 年，潮绣钉金绣《九龙屏》、金绒混合绣（吹箫引凤）和潮州市绣衣厂、汕头市绣衣厂生产的“水仙花牌”女绣衣，分别荣获中国工艺美术品百花奖金杯奖。此后，还有很多绣品为国家所收藏，成为首批民间绝艺，并申报国家级非物质类文化遗产。

20 世纪 90 年代之后，由于受改革开放经济大潮的冲击，中间浮浮沉沉。有不少长年累月以绣花作为生计的姿娘，因为眼睛太累，绣花的工值又低，养不起家，就改行做其他工作。有些潮汕姿娘家庭经济好转，子女长大成人，也不愿意再绣花。另外，潮绣工艺精致繁复，技法相当复杂，至今无法用机器替代，要掌握专业的综合绣艺，一个有天赋的绣娘也需要十多年不间断的磨炼，绣艺才能逐渐提高。如当年潮绣厂绣制《九龙屏》的十位潮州顶级绣娘，如今最年轻的也已 60 岁出头。一位女绣工说，她已绣了 50 年，从小一直绣到现在，导致眼睛高度近视。现在很少有年轻姿娘仔愿意加入潮绣这一行了。21 世纪初，潮绣艺术传承的危机已引起了联合国教科文组织和国家、省、市各级领导的重视，前国务委员李铁映多次莅临潮州调查并强调：“潮绣是国家顶级工艺美术瑰宝，应让全世界共享。”

30 年前，原潮州市区内的潮绣厂为了招收更多绣工，在卧石村、黄金塘、顶厝村等地方免费开办了潮绣技术培训班。这样的培训班在卧石村里办了两年，分三批共招收了约 120 名学徒。丁怡凤就是第一批被选上的三十个学徒中的一个姿娘仔。本来该村规定嫁给本村人当媳妇的才能学潮绣，以保证潮绣技术不外传，而且每家只能选派一个人来培训。因 15 岁的丁怡凤父亲早亡，母亲靠当接生员维持生计，村里为照顾她家的生活，就破例选上了丁怡凤。很多女孩不想出城打工只想留在村里，学潮绣在她们看来也就是最好的谋生工具，加上学潮绣进培训班学习的时候不用给学费，还可以领到按工分发的工钱，于是很多家庭都想叫女儿学潮绣，但村里有明确规定，不是谁想学就能学的。当时能像丁怡凤这样免费进培训班学习，很多姿娘仔羡慕不已。

其实，就像大多数农村女孩一样，丁怡凤学潮绣也是为了帮补家用，但她心里还装着一份为自己争气的心思。那时潮汕农村的很多女孩待在家里，都会学做一些具有潮汕特色的闺房活：绣香包、绣手巾、绣衣领、绣枕头花等。丁怡凤7岁的时候就跟母亲学会了钩通花，十一二岁便可跟着姿娘仔们一起刺绣了。虽然有过刺绣的经验，但15岁的丁怡凤还是经历了一段十分艰辛的入门过程。每天清早，她去村委会搭建的围场学习潮绣，接受师傅的精心教诲。当时有三个技术相当好的老师，丁怡凤和一起学潮绣的女孩在他们的指导下，经过两年的学习，很快掌握了基本技艺，后来丁怡凤还把自己的想法和老师教的东西结合起来，学会了老师没有教给其他姿娘的难点——绣制人物脸部。但令人感到遗憾的是，这位一直绣了近30年的绣娘至今仍没有自己设计的绣品。最主要的原因是文化水平太低，大多数姿娘仔当时只有初小文化程度，不要求上进。丁怡凤说："以后即使有时间，我也不会绣花，我宁愿多休息一下。"她的话颇引人深思：这种心态在普通农村绣娘中是十分普遍的，工值太低，精神付出太多，影响了生活质量。以前与丁怡凤一起学潮绣的那些姿娘基本上都从事潮绣业，但大多数只是基于生活所需。而丁怡凤已不再像以前那样为了帮补家用每天拼命绣花，只是偶尔做些潮绣得以当零花钱用。现在她做的绣品都是绣庄老板或客人预订的，没有严格的时间限制，只要利用空余时

街头巷尾的姿娘钩通花

间绣好就行，有人收货时才交。对她来说，重要的是提高家人的生活质量。农村绣娘没有把自己对绣艺的掌握和理解尽用到家，而且绣娘之间缺乏沟通和合作，再加上其他方面的支持不足，广大农村绣娘没有得到进一步的发展。潮汕绣娘是一个很大的群体，失去她们的参与，也许是潮绣传承和绣娘出现断层的一个重要因素。

忙里偷闲（翁志雄摄）

后园小憩（张伟民摄）

虽说现在大部分潮汕姿娘已不再把绣花作为家庭经济来源，但期间总有优秀的潮绣姿娘的坚守付出，她们使潮绣精品至今仍代代相传。

前几年汕头市区海棠园的耄耋老人洪惠英和她的两个女儿接受了特区晚报记者的采访，她们以前都是潮绣的能工巧匠，尤其是洪惠英老人当年也参与过《九龙屏》的绣制，因此一直对潮绣情有独钟，谈及潮绣传承，她有说不完的话题。她原籍潮州市，住在西门的布梳街，六七岁时就跟着祖母学潮绣，她的潮绣技艺是由祖母亲手调教的，稍长就一直帮当年的“三正顺”、“老宝”、“元正”等四大戏班绣戏服。洪惠英后来嫁到揭阳炮台。1958年10月，汕头顾绣生产合作社打算发展出口换取外汇支援国家建设，根据上级的要求，需找回原来在本单位工作过的女绣工。既然是单位的需要，洪惠英一接到艺人归队的通知，就立即从炮台上埔村赶到汕头剧装工艺厂工作，一直绣到55岁时退休。在洪惠英老人的客厅里，有不少潮绣绣品和未做完的绣品、工具和材料，其中有一套《八仙八骑》的绣品是老人二十年前的作品，人物形象十分古朴传神，绣工精美。老人说，她拿了七十多年的绣针，飞禽走兽、人物花卉都绣过。她绣过的最大件的绣品是一套三屏的《三星图》。之前老人还有一件值得骄傲的事，那是在她来汕头工作后不久，汕头剧装厂和潮州潮绣厂在汕头市中山公园搭台举行潮绣对手竞赛，当时赛的是针法，潮州潮绣厂派出的选手是阮姐，汕头剧装厂派出的选手是洪惠英，有上百人围观，最后洪惠英一举夺魁。洪惠英不仅对潮绣针法十分娴熟，而且处理人物面部的垫绣技术也有过人之处。洪惠英的女儿谢丽卿已50多岁，她十多岁就跟着母亲学潮绣，现住在汕头市区陈厝合，有空就过来和老母亲一起绣。如今陆陆续续还有潮阳的商家上门订制绣品卖到外地。1992年台湾锦绣龙庄的台商曾委托她培养十多名女工，她手把手教了近一年，可惜这些女工后来都没有做潮绣这一行。洪惠英老人说，有机会的话，她会把作品展示出来，让更多的人学习潮绣。

为了唤起世界对潮绣的关注，居住在珠海的潮绣传人刘楚钿女士，前些时候用了四年时间，绣出长达84米的英文版《金刚经》。英文版的《金刚经》绣在了一种叫做双宫绸的丝绸布料上。刘楚钿说，这种布料在以前是专门用来题写皇帝的诏书的，如果保护得当，可以保存上千年。在这种布料上刺绣难度非常大，稍有疏忽，字迹变形，整张作品就会报废。以前的刺绣师傅根本不敢用这种布料来冒险，但刘楚钿选择双宫绸布料，就是想证明自己的潮绣功底，不输给蜀绣、湘绣和苏绣。刘楚钿自幼便受到家庭氛围的熏陶，跟着老姑老婶学刺绣。后经其义兄耀奎先生介绍，拜潮绣大师林智成为师。在2003年，她眼见潮绣日渐衰落，于是想绣一幅潮绣的长幅来唤起大家的注意。虽然她不懂英文，但是世界以英语为主导，选择英语作为载体，能为传统文化的推广作出贡献。在绣制过程中，她说自己“最怕绣字母W”，因为花体W面积大、花样多，绣一个字母起码需要半个小时，一天下来，自己最多只能绣30个字母。刘楚钿本身不懂英文，为了完成这个心愿，她找来英文版的《金刚经》，还专程将稿件送到北京佛教协会校对，以防出现谬误。潮绣对手工技术要求极高，不能以机绣代替。为此，刘楚钿每天在自家窗前的绣花规上工作近二十个小时，她的丈夫用实际行动支持她，包揽了几乎所有的家务活。现在年轻人多数没有这个耐心，一天近两百块钱的工费也没人愿意做。为了尽量保存潮绣的传统针法，刘楚钿说，在保养一段时间眼睛后，打算完成“160位古佛图”的潮绣。

（六）刺绣抽纱结缘

抽纱在潮汕家喻户晓，方言叫“做花”。第二次鸦片战争以后，抽纱从欧洲最先传入汕头，汕头抽纱中的通花，俗称哥罗纱、菲立等，就是由外来语直译过来的。经过与本土刺绣的融合嫁接，演变出具有独特中国风格的“花样”（绣品图案的纸稿）。潮汕抽纱工种繁多，针法复杂，在产品中混合交替使用。工种针法多达240种，大致归纳为抽通、刺绣、补布、钩编四大类。按制作方法分，有手工制品及机制品两大类，按工艺技巧分，有绣花制品、抽通制品、编结制品和混合制品等。潮汕抽纱产品行销世界五大洲110多个国家和地区。1972年，周恩来总理把潮汕抽纱精工玻璃纱台布作为国礼赠送给伊朗王后，引得王宫一片赞叹和轰动。1980年，在慕尼黑第32届国际手工业品博览会上，一幅高档玻璃纱绣花台布《双凤朝牡丹》被誉为“目前世界独一无二的最精尖产品”，并获金质奖章。该作品绣了625只鸣、栖、舞、翔等姿态各异的凤凰，伴以276朵千姿百态的牡丹及大量葡萄和花草，呈现出凤凰迎春、百花争艳、一派春意盎然的艺术意境。

而在把远古的潮州刺绣与近代的汕头抽纱相糅合的过程中，据说一位鲜为人知的潮汕姿娘林赛玉无意中作出了不小的贡献。林赛玉虽然是一位普通的绣娘，但是她最先将潮州刺绣糅合到西方的抽纱中，成为潮绣抽纱创新发展过程中不可忽视的人物。

林赛玉生于清末，是澄海盐灶人，十五六岁时已是乡里有名的绣花能手，出嫁后更是将绣花作为生活的主要内容。当时的澄海盐灶是西方宗教到潮汕进行传教活动最早的登陆点之一，绣花姿娘林赛玉很快就接受了基督洗礼，成为虔诚的基督教徒。除了宗教活动，每天的工作就是绣花。从姿娘仔到为人妻为人母，林赛玉的刺绣技艺日益精湛。19世纪末20世纪初，在汕头礐石进行传教活动的一个叫纳胡德的女传教士在传教之余，发现潮绣的针法优美精巧，并对之深为赞赏。于是，她从国外带来一批抽纱图案和样品，然后用潮州出产的夏布交给她所联系的女信徒加工，绣出来的产品优雅精细、绚丽多姿，比之西方粗糙的针法，实有天壤之别。纳胡德把这批中西结合的新产品带到国外销售，竟被争购一空。从此，纳胡德便在汕头招集一些女信徒学习抽纱。当时纳胡德委托盐灶教会为其找一个女佣人，教会推荐林赛玉前往。林赛玉到纳胡德家中后，工作勤快，深得信赖。纳胡德常在家中编织花边，并将其赠与教友以联络感情，为传教提供了方便。

绣娘出身的林赛玉对这种新工艺产生了浓厚兴趣，常在一旁观看。纳胡德便将技术要点传授给她，林赛玉不仅很快学会，而且对这种新工艺有了自己的心得体会，做出了令纳胡德夫妇惊喜的绣品。其后又有被称为耶德大摩的传教士在汕头礐石传教，他妻子见抽纱有利可图，便也在汕头礐石传授这门手工艺。后来传教士纳胡德夫妇回国，林赛玉也回到盐灶。此时，林赛玉的丈夫已亡故，心灵手巧的她便将在传教士家中学到的西方抽纱钩织技艺和自己所擅长的中国传统刺绣工艺相结合，创制出独具一格的新品种，她还将这些技术传授给女儿徐淑英、徐淑静和邻居祝婶等人。一传十，十传百，盐灶的刺绣女工都学会了这门新工艺。初时，仍然归类为“绣品”，传遍澄海之后，又传到汕头市区、潮州、揭阳等地，受到更多人的模仿和发展，产品受到大家的喜爱，每逢有此类绣品出来就被传教士抢购一空。慢慢地，这种新工艺品便被正式称为“汕头抽纱”。不久，林赛玉还帮助在汕头码头做背囊仔生意的同乡教友丁惠龙开办潮州第一家抽纱行，使抽纱从汕头周边向潮州及揭阳、揭西、惠来、普宁等地扩张，为其大规模发展起到了推波助澜的作用。潮绣与抽纱结合的特点是，按一定图案抽出布料中的某些经纬线，以针线缝锁抽口，再加花纹刺绣。潮汕抽纱通过种种巧妙的针法工艺和繁复精致的设计布局，以刺绣的垫凸和抽通，又以多层镂通和玲珑剔透的空间艺术为特色，巧妙地运用多种针法工艺和繁复精致的设计布局，变化出千姿百态、栩栩如生的图案。品种有手巾、台布、绣衣、床罩、被枕套、靠垫、餐套等。抽纱自从在潮汕地区兴起之后，其工艺精细、风格独特的产品，很受西方人的欢迎。因而洋人相继在汕头开办洋行，经营抽纱业。同时，一些留学英美的潮汕教徒归国之后也集资做起抽纱生意。潮汕抽纱在1912—1914年、1936—1941年出现二度兴旺局面。是时，“洋行”、“公司”在汕头市区遍地林立，抽纱女工遍布汕头市，在崎碌街巷做抽纱的姿娘比市区其他街巷的姿娘更多，以此为基础而盛极一时。

珠绣则是在一些衣服（比如旗袍、毛衣、牛仔裤）的半成品上按设计好的图案钉上珠片、珠筒，给衣物增添了或高贵或艳丽的色彩。

经过潮汕姿娘一代又一代的传承，潮绣源远流长地传了下来，主要是与潮汕人的生活有关。从古至今，从艺术雅品到床上用品的使用，乃至家具花罩、身上的衣服等方面都会用到这一手艺。衣服往往会有不尽如人意的地方，心灵手巧的潮汕姿娘就会应用或钉或绣或钩编的方式进行改造，在衣服的领口、襟口、袖口等地方钉珠片；在胸部戴胸针的位置绣或缀花朵、水钻。比如，连衣裙领口开得太低，用其他材质的花边去贴补都不相称，但用同色丝线经过“通花”工艺钩编的形式筑起一抹“护栏”，便可使之既不曝光又有通透感，重要的是不会影响裙子原来的整体设计效果。若孩子的裤子不小心被钩破了，也可如法炮制，找来一些有卡通图案的边角料，用“补布”的方式绣补上去，不知情的看上去还以为是买来的时候就有此图案呢。

随着时代的发展，潮绣这一传统工艺有如根深叶茂的古树，又绽放出一朵朵绚丽的新花。潮绣与从欧美传入汕头的花边技艺相结合而制作出新型的汕头抽纱产品以后，立即以其细腻、精美绝伦的魅力征服了欧美市场。当时经营抽纱业务的洋行竟达数十家，据有关资料记载：当时的潮汕抽纱工人近百万。如在汕头抽纱洋行工作的，每人每日的工值为三角至六角。潮州姿娘擅长刺绣之技，所作之抽纱加刺绣一项，艺高价昂，每日多至一个银元。而出口销量亦极可观，《实业志·商业》记载：民国十三至十五年间，“年销额自二千万元至六七万元”；十七至二十八年，“尚有舞衣、夜衣等输出，年销额自一万万元至二万万元”。1949 年新中国成立以后，潮汕地区的抽纱无论是从事抽纱的人员还是出口创汇、产值、艺术水平，均居全国前列，是唯一由中央外贸部门直接管辖的企业。由于生产分布面广，遍布潮汕各县（市）190 多个乡镇，做这项工作的不同工种的女绣工有几十万，她们在不同时期作出了不同的贡献，使潮汕成为抽纱之乡。

袁美娟与其设计的晚礼服（美娟供稿）

以潮绣为企业的龙头产品——广东名瑞集团公司（原潮州市潮绣厂）把传统的潮绣技术应用到现代服装生产上，将企业品牌的时装打进享有“世界高级时装橱窗”称誉的美国第七大道，进入奥斯卡的颁奖晚会。2004年初，拥有“潮绣之乡”美称的潮州被中国纺织工业协会、中国服装协会授予“中国婚纱晚礼服名城”荣誉称号，成为世界上最大的婚纱、晚礼服生产基地之一，更多的潮州姿娘加入设计的行列，这也是潮绣历史上一次质的飞跃。

袁美娟编著的《抽纱刺绣与服饰设计》一书（美娟供稿）

这个时期，从事潮绣时装、晚礼服设计的潮汕姿娘逐渐增多，袁美娟就是这些设计师中的佼佼者之一。袁美娟20世纪50年代末出生于潮州，“文革”开始她才读小学二年级，那时的她特别喜欢上图画课，回家后也特别喜欢画画，但因家庭经济困难，没钱买纸买笔，她只能用写过的作业本，用舍不得丢掉的铅笔头来画，或有空拿着树枝在地上涂涂抹抹，画花草、人物、动物。有时候跟着母亲上夜班，就在那里的水泥地上随意用水涂抹一些图像。有一回在月光下还吓坏了妈妈的一位同事，以为夜间见了鬼了。后来，她的画作参加了当年在文化宫举办的少年美术展览。高中期间，她的美术作品《红心似火》参加汕头地区少年美术比赛获二等奖，这为她后来从事工艺美术设计埋下了伏笔。1979年高中毕业后，她有幸进入潮州潮绣厂工作，并在三年之后，也就是1982年年底，她在全厂1 000多人的竞争中脱颖而出，考上了当时由潮州潮绣厂林智成主持的“潮绣培训班”，当年的这个班只招了十几个人，女多男少，她是潮州潮绣厂幸运的姿娘仔，成为林智成大师亲自挑中的女弟子之一。袁美娟的工艺美术天赋此时充分发挥出来，因为她心里有为家族争光的潜意识，所以她暗下决心必须认真学。在培训班中，她先是跟着林智成大师学素描、学色彩、学潮绣针法、学传统工艺和花稿设计，为她后来当设计师奠定了厚实的基础。两年之后袁美娟从培训班毕业，成为潮绣厂的设计师。当时厂长告诉她出来之后，要先学会实践，会画花稿，也要学会独立制作、独立复稿、独立设计。她第一次独立设计的珠绣手袋上面是黑白相间的抽象图案，迎合了当时世界流行的审美情趣，订货源源不断，产品销往英国、德国、法国、西班牙、日本、韩国、印度尼西亚等欧亚市场。接着，她又设计了一些腰带、万能花片、婚纱时装等，为后来的晚礼服设计打下了基础。1985 年，袁美娟调往汕头市，在一家国营的绣衣厂当设计师。当时随着汕头特区的建立，改革开放的步伐加大了，不少绣衣厂都需要开创服装加工机绣，这家厂也一样，需要从头开始创业。袁美娟从主画“万能花片”到开创服装机绣设计，一直紧跟机绣设计潮流，为企业赢得了发展机会。不久，她还为一家专门生产出口服装的企业设计销往日本的绣花衫，销量一路看好。1991 年，袁美娟边为企业设计花样，边参加汕头市劳动局培训中心举办的“工业制图专业培训班”，为期半年的培训使她对世界服装设计潮流有了新的理解，同年开始了技术性较强的排图放图工作。通过学习、实践，再学习、再实践，袁美娟积累了丰富的设计经验。随着国有企业的深化改革、合并、重组，1995 年，袁美娟凭借自身的实力甩掉了铁饭碗，走进了一家濒临倒闭的私营企业，帮助该企业重新创业。没有工人，她为企业招工，从接手 500 元买布料到开始羊毛衫机绣设计起步，一系列羊毛机织、手打、棒针、手绣、手钩等生产过程热火朝天地展开，当年底企业扭亏为盈。1997 年，汕头市圣地亚时装毛织厂正在组建，这家私营企业主从同行业中打探到袁美娟设计的花样很有市场潜力，他们就千方百计地将她挖掘过来。袁美娟帮该企业从零开始创业，首先招师傅，招工人，买料，进设备。接着设计了绣花针织衫、绣花羊毛衫、绣花连衣裙，这些产品在当时的边贸（与苏联）交易中很受欢迎，最受欢迎的羊毛衫系列产品当时还获得了“中国潜力奖”。1998 年，袁美娟为该企业设计的时装礼服参加了中国时装第二届博览会；2004 年，袁美娟设计的形象款晚礼服参加了巴西时装展，所在企业为此特请时装走秀模特李冰（亚洲小姐）为袁美娟设计的四套形象款晚礼服走秀。此后不久，袁美娟设计的时装产品远销世界各地和全

袁美娟绣品

国各大城市。特别是在中国时装晚礼服设计上打出了自己的品牌：她设计的形象款晚礼服被选为当时凤凰卫视节目主持人和广东明日之星节目主持人的晚装。作为该企业的设计总监，袁美娟设计的形象款晚礼服荣获两个广东省著名商标，提升了企业的品牌和档次，为该企业后来发展成为广东圣地亚服饰有限公司立下汗马功劳，接着，该公司成立了圣地亚国际集团、商标注册四十一类别，同时在美国、意大利、法国、韩国、西班牙等国家注册，她的作用功不可没。由于袁美娟师承了林智成先生的技法，对潮绣绣品有独特的设计和制作技巧，在她的娟娟潮绣工作室，设计制作的潮绣精品挂屏美轮美奂，足见功底。2008 年，袁美娟将多年来设计的精品图稿汇集后，编著成《抽纱刺绣与服饰设计》一书，受到广泛关注。她于 2011 年初获汕头市金平区政府第一批区级非物质文化遗产名录。袁美娟现在是中国设计师协会会员、中国时尚协会会员、广东省设计师协会会员。

关于潮汕姿娘绣花，自明代以来，民间就有不少出神入化的传说，影响了一代又一代的姿娘仔，使她们长大之后成为优秀的绣娘。潮绣艺术有着源远流长的发展过程，这个过程虽然有潮汕男人们突出的历史功绩，但也是千千万万普普通通的潮汕姿娘，通过一针一线呕心沥血的劳作过程。本书所列的数字只是某个时期潮汕姿娘参与的数字，还有一些参与绣制获奖作品的绣娘，更是这个群体中的佼佼者，这些姿娘其实也很难用一个数字来作出准确的统计。现在，随着时代的发展，国有企业中的绣娘已逐渐淡出人们的视线，研究机构及私有企业、私有绣坊正在以不同的方式刺激新一代的绣娘参与绣制一些艺术品和旅游产品。这样，潮汕姿娘千百年来最拿手的传统潮绣抽纱技艺会有怎样的发展呢？人们将拭目以待。

三、女红工课，修身养性练就忍让

自明朝有记载以来，潮州姿娘仔自小便学纺纱、绩麻、织布和绣花，绣花用花规。小的花规是圆的，可以放在桌椅上，也可以拿在手中，是用藤做成的。大花规像个大木架，放在两个长条椅的中间，可以多人合用，绣大件绣品时才用到。绣线有金线、绒线、五色线，品种繁多。潮州少女普遍自十一二岁开始，便自织土布，准备嫁衣。明剧本《金花女》中，金花告诉刘永，她身上的吉服，“粗衣布裙，是奴亲手所织”。由此可见，潮州姿娘仔的绣花手艺和女红工课是日常生活中的一门必修课。此外，潮州姿娘从坐姿、走路姿势、举手投足，到日常生活的穿衣吃饭等都很有讲究，其宗旨在于修身养性练就忍让。忍让、忍耐、忍辱负重，忍字头上一把刀，把潮州姿娘练成了藤一样的性格，能屈能伸，出得厅堂，入得厨房。

（一）姿娘爱唱歌仔

潮汕姿娘爱唱潮州歌仔，这是昔时潮汕的习俗，很多潮汕姿娘在孩子牙牙学语时，就经常用潮州歌仔来和孩子说话逗乐，孩子稍大一些，能跑跑跳跳了，就和一起玩耍的小女伴你一言我一语学唱。何丽小时候跟祖母生活在一起，每到晚上睡觉以前，祖母就一字一句地教她，那时她不认字，懵懵懂懂，就跟祖母这么一字一句地学，每学会一首，就和邻居的小孩一起反复念，一直到背得滚瓜烂熟。有时候还和小女伴比赛谁能唱更多的歌仔，唱赢的姿娘仔就能从某位妈妈那里得到一颗彩色的龙珠糖。有时在有月亮的夜晚，一群伶牙俐齿的姿娘仔聚在一起玩耍，大都能唱上几十首歌仔，有些姿娘仔还手舞足蹈，用自己随意想出来的动作伴舞。

那时候，可以让潮汕姿娘唱的歌仔有很多，每个时期潮汕姿娘唱的歌仔都能伴随着她们的儿女成长。如对于牙牙学语的婴儿，姿娘们会边哄着孩子睡觉边唱催眠歌仔：“嗡啊嗡（拍背），嗡金公（娃娃），金公做老爹（官老爷），阿文阿武来担靴，担靴担睽睽（高高），饲猪大过牛，大牛生马仔，马仔生真珠（珍珠），真珠溜溜圆，阿奴‘食大’（长大）读书免用钱……”这首歌仔的主要意思是希望孩子好好睡觉，快快长大，富贵安康，吉祥如意。但有些潮州歌仔文字表达上只管顺口，有时还词不达意，有头无尾，风马牛不相及。但孩子只要听到从母亲口中唱出来的声调，无论是什么字眼的催眠歌，都能安详入睡。姿娘仔再大一些，母亲会教她们唱《啪铰刀》：“啪啊啪铰刀，啪来秋连罗，连罗籽，好踢逃（可以玩耍），踢逃踢逃边，一群姿娘仔，罗听琴，琴好听，阿公阿嬷上客厅，客厅探地块（通哪里），探来后头花园边，园中花开唔甘摘，留放娘子插支辫，支辫插好来落田，烧护（帮忙）阿爹收大冬，大埕锥、细埕弟，大家共庆丰收年……”这首歌仔的版本有好几个，大概意思差不多，要是现在的孩子问：“秋连罗是什么？连罗籽是什么？”肯定很多人都会无言以对，一起长大的同辈们至今仍然不知道是什么。因为那时候没有文字可查，只是口口相传，哪个环节传错了，也就将错就错。还有《月娘月光光》：“月娘月光光，秀才郎，骑白马，过阴塘。阴塘水深深，船仔载观音，观音要食好茶哩来盏（冲泡），爱娶稚嬷（漂亮老婆）哩去冠陇山，冠陇姿娘会打扮，打扮儿婿去做官，去时草鞋共雨伞，来时白马挂金鞍……”这是很传统的才子佳人配对的良好愿望，近似以下这首《月底月疏朵》：“月底月烟尘，月底出有嫦娥人，嫦娥是大我是细，嫦娥穿丝我穿绫，月底月疏朵，月底出有好嫦娥，嫦娥是大我是细，嫦娥穿丝我穿罗。月光月疏朵，照篱照壁照瓦槽，照着眠床脚踏板，照着蚊帐锈双鹅。月光月烟尘，照篱照壁照着窗。照着眠床脚踏板，照着蚊帐锈双龙。”那时候，这些歌仔随口唱出，每家每户的孩子，从婴儿开始边吃奶边看着母亲唱歌仔的表情，到边洗澡边听母亲唱歌仔的声音，这种启蒙虽不经意，却耳濡目染，无意间把安全、祥和的气氛传播在孩子的生长环境中，听到一些口齿不清孩子的童稚声音，兄弟姐妹、父母、公嬷都会一起哈哈大笑，天伦之乐在一声声唱歌仔的过程中尽情显现。母亲唱给姿娘仔听，姿娘仔长成母亲后又唱给她的孩

澄子剪纸《天顶一粒星》

子听，这种歌词中的美好愿望、日常生活的情趣培养就这么一代又一代地传下来。当母亲的谁都懂得唱，歌词中尽管有地方语音的差异，还有潮州、澄海、潮阳、揭阳、普宁等地的版本不尽相同，但只要是在潮汕大地生长的、能说潮汕话的姿娘，多多少少都能唱出个大概意思，几首、十几首、几十首，总是大同小异，口口相传，不必太过拘泥，有时还可以自己改歌词，只要唱得顺口、押韵、高兴就行，这就是20世纪70年代以前，潮汕姿娘在家中与孩子同乐、共享亲情的美好回忆之一。

潮汕歌仔流传到现在已经有数百年的历史，像“天顶一粒星，地下开书斋……”“啪啊啪铰刀……”等，不但唱起来朗朗上口，而且蕴涵了浓厚的潮汕风情。

《潮汕歌仔》曾经被相关专业人士做成一张专辑，还配上音乐，加上字幕，本意在于让现在的小孩子听听妈妈们过去孩提时代的歌声，也让他们的母亲重温童年的美好时光。潮汕歌仔毕竟是潮俗的一种表现形式，是潮汕文化的一部分，有其保存价值。对于潮汕姿娘来说，唱潮汕方言歌仔的意义，其实最重要的不在于考究其中的歌词和文字的含义，而更多的是，潮汕姿娘作为母亲与儿女及众多亲属的一种情感交流，以及当时作为姿娘仔，现在已经是母亲或阿嬷的她们对于那个时代的怀念。

（二）女红陶冶性情

一方山水养一方人情。潮汕人最看重的家，是姿娘人营造出“家和万事兴”的家，和，就是家人之间的和睦相处，叔伯婶姆、婆媳、妯娌、兄弟姐妹之间都能互相尊重、和睦相处，遵循“家和万事兴”的传统，这种温馨和谐都是当家的潮汕姿娘煞费苦心营造的家庭氛围，上有老，下有小，三世同堂以至四世同堂，使家庭生活始终处于一种亲情的包围之中，即使家中男人出外赚钱，跟着红头船去了南洋，她也有宽厚大度的气量来包容一切，让走出这个家庭的男人心里永远惦记着这个家和家人。这个姿娘通常就是上顾老下管小的婆婆。她是家庭的中心，也是家庭凝聚力的源泉。中国有句老话："多年媳妇熬成婆。"能从姿娘仔到为人妻为人母为人媳之后熬成了婆婆，成为家庭的中心人物，是很不容易的。其实包括了温良恭俭让的修养，渊源在于家风，还有在于从小养成的良好习性。其中，勤于女红、工于女红技艺，也是陶冶潮汕姿娘性情的一个重要方面。

读书的姿娘仔（张伟民摄）

亲戚中的林嫲，就是这种家庭的中心人物。她出生在潮州的一个大户人家，从小与她的表妹相伴，一起在家族祠堂读书，受到严格的礼仪家训教育，读书之余，一起做姿娘仔必需的功课：绣香包、绣手帕、做嫁衣、打各种色彩光鲜的纽扣结，还有做其他诸如腰带、眼镜袋、兜肚一类的一些小物件。林嫲的家住在太平路，那时她已经50多岁了。由于亲戚中经常有聚会的习惯，每到聚会，老表妹总习惯带她那10岁的孙女前往。祖母带了针线活来，在她家客厅打纽扣结。小孙女和林嫲说话，说到高兴时，林嫲就和她去睡房，拿出樟木箱底的红色布包，给姿娘仔看她小时候做的绣品和衣物，她拿出一条手帕说："这是我像你这么大的时候绣的手帕。"哟，这是一条绣着一对鸳鸯的手帕，小小的一片方巾角上那一对活灵活现的鸳鸯，是用五彩丝线绣的，鸳鸯在水上展翅拍水，那水，就那么三条弯弯的长短曲线，看来细腻传神，让人爱不释手。"哎，真是美极了。"姿娘仔情不自禁地喊出来。一定是她的赞叹，又让林嫲更加高兴，她接着拿出当年出嫁时带过来的一叠丝绸的和麻绩的香云的又长又宽的大筒衫，一件一件地抖开来，看得姿娘仔目瞪口呆，只一声声地"哇、哇"叫，衣服上面那些手绣的图案，虽经过岁月的磨损，却依然色彩光鲜，干干净净，没有一丝杂味，只有樟木箱的淡淡清香在房里缭绕。接着姿娘仔还看到布包里的几个潮州香包，姿娘仔的眼睛是亮闪闪的，林嫲看她这么高兴，就随手给她一个，"是给我的吗?"林嫲点点头。接过手，姿娘仔看出这才是高手绣出来的香包。这个香包是用绸缎缝制成"粽球"状的，垂下的璎珞上有个小

袋，内装香料，那香味应该是檀香木屑的香气。此外，小袋上还绣着一个胖娃娃，圆溜溜的眼睛好像要和你说话，边角上还有碎花纹图案。当时姿娘仔指着樟木箱问林嫲：“您就一直把这些宝贝藏到现在，这些都是最好的吧。”林嫲摸着她的小辫说：“当然还有更好的了，几十年了，有很多都不能穿了，也有一些送人了。”“您舍得把这么漂亮的衣物送人？”林嫲笑了：“有好东西送人是一种愉悦。”与姿娘仔对话，撩起了林嫲的怀旧之情，她这么高兴，姿娘仔也跟着高兴了好些天。回家后祖母告诉她，林嫲小时候手特别灵巧，只要看过的小动物，如蜜蜂、蝴蝶、蟋蟀、蜻蜓、鸳鸯、小猫、小狗、小鸡、小鸭等她都能绣出来，还有牡丹、玫瑰、玉兰等花花草草……当年她的嫁妆，单是自己做的衣物就装满了八个箱，其中有两个樟木箱装她最宝贝的东西。小孙女问祖母：“您做的嫁妆有林嫲这么多吗？”祖母说：“没她这么多，只有六个箱。”“你们那时候的姿娘仔不和邻居的孩子们一起玩吗，每天就坐在家里做这些功课？”祖母说：“是啊，哪像你，想去哪儿就去哪儿。我小时候能和林嫲经常在一起读书、写字、做功课、说话就已经很好了。我和林嫲从七八岁开始，就从打大筒衫的纽扣结学起，接着，就学锁花边，做小件的内衣裤、兜肚，再做自己穿的衣服。后来才逐渐学裁剪，到十三四岁，就能做成套的嫁衣了。除此之外，还要学做男人的衣服，先学做兄弟的，再学做父亲和爷爷的，总之，全家人的衣服都要学会做，为什么要做这些功课，因为姿娘仔必须练心性，只有坐得住，才能定下心来，做自己想做的手工，以后出嫁了，就什么衣服都能做，才能做大家人的媳妇。”小孙女又问：“什么是‘大家人’啊？”祖母打趣地说：“‘大家人’就是大户人家，你要是想当‘大家人’的媳妇，现在就要学这些功课了。”

小孙女知道林嫲平时在家是很慈祥的，子女成群，儿孙绕膝。在她之上还有一个老嫲，是个“太上老君”，看上去有80岁了，很威严的。每次跟祖母去时，先要和祖母去这个“太上老君”房里问好，祖母陪她说会话，她就和家里那些小孩子们玩，有一个是长子长孙，20岁已娶妻生子。后来从祖母口中得知，林嫲18岁就嫁入这个家，原来这个家一直是由老嫲当家，林嫲嫁过来后，老嫲看她做什么事都井井有条，什么手艺功课都做得很好，就让她做二当家。林嫲的丈夫是在她有了二男二女四个孩子后才离开家去了南洋的。丈夫离开家后，家

里还有小叔、两个小姑，虽有佣人、帮工，但林嫲是大媳妇，要协助老嫲管好这个家。此外，林嫲还替小叔子张罗娶媳妇，替两个小姑子置办嫁妆，安排一大家子的日常生活，这一切她都做得有条有理，每日看起来气定神闲、不慌不忙，自然让老嫲刮目相看。老嫲多次对祖母说：“林嫲知书达理，雍容大度，性情温和，敬老惜小，我‘太上老君’也要敬她三分啊！”小孙女和祖母常与林嬷往来，小小年纪就能从中看到“大家人”的人情世故，这给她以后的成长刻下了很深的烙印。

（三）感悟修心修身

现在的社会物欲横流，大多数人心浮气躁，人想沉得下心来的确实很不容易，要抵抗各种各样的诱惑更不容易。近年来潮汕很多城市的街头多了一些绣坊，有十字绣也有潮汕绣的。如果绣坊能让更多的女人沉得住气，静得下心来，修身养性，何乐不为？作为潮汕姿娘，就天生有了这方面的优势。曾几何时，在潮汕大地，百分之八九十以上的人家，家里都有大大小小的花规，除个人用的小花规之外，也有摆过大花规一家子母女姐妹一起绣花的场景，20 世纪 70 年代以前出生的潮汕姿娘，对于那些绣花的细节还记忆犹新。那是一个修心修身的时代，如果那时姿娘仔不跟着出去参加战斗队，能在家潜心学绣花，或是去乡下熬过来了，能使很多的潮汕姿娘都沉得住气，静得下心来。也的确有不少潮汕姿娘仔自小就从周围的生活环境中领悟到了如何修心养身。

有不少姿娘仔自小在家庭和周围环境中领悟了如何修心。由于日常生活中经常接触到一些格言、家训，特别是日常生活最受潮汕人所推崇的《朱子家训》，有的人家把它写成书法横幅挂在厅堂，有的挑出格言写成对子挂在案头。潮汕姿娘仔几乎从初懂人事的那一天起，家里大人就给她们灌输其中的许多内容，比如“要勤快，黎明即起，洒扫庭除，要内外整洁”，“一粥一饭，当思来之不易，半丝半缕，恒念物力维艰”，还有如：勤俭持家，勿贪意外之财，处世戒多言，言多必失，等等，这些中国传统文化的优秀特点在今天仍然有现实意义。而在灌输这些内容时，母亲的启蒙作用、言传身教、亲力亲为特别重要，母女血脉相连，使优良传统一代又一代传承下来。亲戚中的茶姑，就是这类典型，她每天天刚蒙蒙亮，就跟着母亲早早起床，洗漱完毕，便跟着母亲一前一后打扫，接着就煮糜（稀饭），并将日常碗筷用温水洗一遍（20世纪80年代以前没有消毒碗柜）。平时，母亲的勤俭持家，不贪意外之财，也给这个潮州姿娘仔留下了深刻的印象，如和母亲一起去市场买菜，买时讨价还价是正常的，但如果卖家粗心大意多找出钱来，母亲会马上还给人家，并告诉女儿，种菜卖菜换口饭吃不容易，不可占人便宜。亲戚朋友交往，礼尚往来，母亲的观点是“吃亏是福”。不能有贪念，宁可被人贪而万万不可贪别人的。不可贪不义之财、不可幸灾乐祸等这些话语，女儿都句句记在心中。

如何修身，先讲嫁女择婿观念：《朱子家训》中有“嫁女择佳婿，毋索重聘。娶媳求淑女，毋计厚奁”。潮州有句俗话：“嫁人勿嫁田。”田，是过去衡量财富的象征。潮汕人的传统观念是，嫁女看重的是对方的人品德行，不能看对方的财富，也不能向男方索要重聘。索要重聘，会害了女儿一辈子；娶媳妇呢，要找简朴的、淑女型的，也不能要求其应有多少嫁妆。还有，姿娘仔到了相亲的年纪，按现代人来说就是到了可以谈情说爱的年龄时，母亲会提前告诉姿娘仔，如果不是想和你结婚的男人想亲近你，是对你没诚意，你千万不能让他“看想去”。这种女性贞操观念一直被视为和生命一样宝贵。曾从一些媒体中关于年轻人婚姻恋爱组织的讨论中了解到，小桃是个潮州姿娘仔，大学期间，她看到不少同学很容易就恋爱、分手，反复多次。她正值青春期，当然也有男同学追求她，她也在观察，还没定神，就发现追她的男同学又去追其他女同学了。因此毕业几年，她打扮入时，工作出色，但问起她的感情生活，她淡然一笑：“至今还没有谈过一场正规恋爱。”什么才是正规的恋爱，小桃的意思，就是喜欢她的人是不少，但喜欢不是爱。她有准则：等一个能在她生命中出现的人。尽管她能打出最漂亮的围巾，有空时也可以给朋友烧出几道美味的潮菜，但她却不轻易让喜欢她的男孩走进自己的生活。随着社会的进步，很多潮汕姿娘仔都接受了现代教育，从传统家教中走向校园和社会的新生代的潮汕女孩，多了独立的个性，她们的思想活跃且新潮，但从母亲身上流传下来的从一而终的贞操观念，依然深深地影响了她们的婚恋观。故此，很多姿娘仔可以说是母亲的影子，有的男方看对象，如果先看姿娘仔母亲，感觉好的就说，八九不离十啦。当然，世事无绝

闺中待嫁（张伟民摄）

对，如果有的母亲为母不尊，女儿做出丢人现眼的事，人前人后肯定有人说：“哦，知道了，有其母必有其女嘛。”正常情况下，绝大多数潮汕姿娘仔都很珍惜自己的声誉，也特别爱面子，无论在兵荒马乱的年代，还是在物质匮乏的年代，在改革开放物欲横流的年代，很少有人去做乱七八糟的事情。

虽然随着社会的发展，很多潮汕姿娘在感情和事业上都已经比较独立了，但大部分女性还无法从旧时代的传统观念中走出来，对于这种传统观念，有人认为是优良传统，有人则认为是封建意识。但潮汕姿娘没想那么多，她们依然保守、宽容，万事皆忍。而且，潮汕姿娘出嫁后，一般很少回来跟父母同住。邻居小环出嫁后，逢年过节回到父母家，偶尔和母亲说到夫家的事情，或小夫妻的口角，母亲就先批评女儿：“你要先反省自己，你也是急性子，要忍耐，你别生事啊。”因为父母自小教导她们的，就是要孝敬公婆，相夫教子，与姑、侄和谐相处。回来告状，就要先给女儿一个下马威，以后习惯了那还得了。经过母亲的一番话，女儿也想通了，母亲是为自己好，为她的家庭好，爱丈夫也要爱他的家人，这样才能保持大家庭和睦相处、和谐温馨。这就是大部分男人都以娶潮汕女人为幸的原因，也就是潮汕人家庭普遍的生活习惯，别人怎么看无所谓，潮汕姿娘只要丈夫感受到她对家庭的这种“大爱”就好。

（四）静待闺门出阁

静待闺门出阁，就是姿娘仔在家待嫁，解放前，潮州城有不少姿娘仔就经常在家做很多香包和绣手帕，这是潮州自古以来的习惯。解放后，这种长期沿袭下来的习惯虽有所减少，但很多潮州姿娘仔依然在家里利用空闲时间做香包和绣手帕，以备自己到吉日良辰之时可以送给看新娘的小孩。林妹是个不错的绣娘，她从十来岁起就一直在做

香包、绣手帕。不过每一个香包从绣花到把香料放入香袋封口，要花好多天的时间，有时候一个月也做不了几个，因为要讲究工艺，还要经过很多工序。如先要选用华丽的绸缎或色布，刷上物象轮廓图稿，然后用五彩丝、绒线或金银线、珠子等绣上各种花纹图案，再剪裁、滚贴成片，然后分片绲边，缝合成型并填充棉絮、香料，再饰以金银线盘金刁锁及玻璃珠、胶片、璎珞等饰物。林妹制作的香包艺术造型千姿百态，动物的结构、比例及装饰花纹比较形象，很富于情趣。色彩也大胆采用对比强烈的大红大绿。后来外面买的套装香包也不错，但手工往往没有林妹做得精细。一些不习惯做香包的潮州姿娘仔，就到街上买，每盒一般有 6 色、8 色或 12 色，色彩鲜艳华丽、活泼夺目，富于浓厚的装饰性和潮汕民间艺术特色，也很吸引小孩。后来我了解到，潮州香包有两百多个品种、上千个花色。而以前潮州香包作为闺阁手工、馈赠之物，绵绵情意，尽出自姿娘仔之手，最初只在民间流传，清末之后，这些散发着浓郁的乡土艺术芬芳的手工艺品才走向市场。现代等待出阁的潮州姿娘仔不用自己做也能买到那些富于情趣的潮州香包了。手帕也一样，只是现在的潮汕姿娘大多改用手纸巾，绣花手帕就多用于外贸出口，偶尔也有华侨或国外友人来买。

过去，在广阔的潮汕大地农村，由于很多家庭都很贫困，很多农家人多房子少，有的甚至三代同住一室，女儿长大之后，不再好意思同居一室，于是农村便出现了“姿娘仔间”。绝大多数姿娘仔间的主人是一些丧偶或颇有德望的老婶，与老婶同住的姿娘仔多者有七八人，少者也有四五人。姿娘仔间面积在 15 ~ 20 平方米之间，进门即可闻到一股扑鼻而来的胭脂香，里面陈设简陋，门上常挂着一幅印有山水画的竹帘，门内可见一张方桌几盏油灯，几条长椅几个小方凳，里面除老婶的睡床以外，紧靠墙边还有几张床铺或总铺。姿娘仔间是姿娘仔们聚宿兼做手工之所。像这样的姿娘仔间，大的村寨有四五处，小的村寨也有两三处。解放后，有些农村的一些生产队还把土改从地主家没收的房子，划出几个单间作为姿娘仔间，专供还没结婚的大姑娘住，每一个乡村多则几个，少则一两个。老婶是“过来人”，富有生活经验，尤其深谙妇人之道，深知做女人难。对来姿娘仔间的闺女们，都以亲生女儿待之，对女红、情爱、生儿育女等事，经常苦口婆心、良言开导，要闺女们懂得女人须守妇德的道理，言谈举止须有女人样，及至将来嫁人为媳，要孝敬公婆，相夫教子，勤俭持家，对妯娌对邻居要和睦相处。老婶绘声绘色的家常话，常常使姿娘仔们听得屏息入神。姿娘仔们夜间在这里睡觉，白天除农忙季节须往田园帮干农活外，其余大部分时间均待在这里绣花。有的每四人围着一个大“花规”，耷拉着脑袋飞针走线绣个不停，有时交货期限较紧，她们便在昏黄的灯光下“赶夜车”，直至午夜才歇息。绣花的经济收入除帮助家庭之外，剩下的就让姿娘仔们作为零用钱或添新衣买润肤品等。

姿娘仔间的乐趣甚多，因多是十七八岁芳龄，有的正值花期将近婚嫁，故只要有暇就聊天，聊服饰打扮，聊婚嫁情爱，时而交头接耳私语切切，时而放开嗓门捧腹大笑，十分惬意。此外，稍有点文化者还喜欢唱潮州歌册、唱潮剧，对潮剧《苏六娘》、《陈三五娘》情有独钟，有的几乎能背下所有台词，阵阵歌声悠扬婉转，荡漾在乡村的巷道中，邻居乡亲倾耳静听。潮汕姿娘仔即使性格开朗大方，她们对感情问题也不会随随便便，在她们的观念中，依然会认为古老的爱情和婚姻是女孩子的最好归宿。因为过去传统的潮汕姿娘遵循“无才便是德”的古训，所以在一般农村家庭里，女孩接受教育的机会很少，而且比较早就结婚。

最令姿娘们高兴的事，要算是同伴出嫁了。从定亲那天起，姐妹们便忙开了，先是奔走相告，而后是开始筹备礼物，以待吉日相贺，俗称“送花粉”。同伴出嫁前一段时间，操办婚嫁习俗及其程序成了姐妹们热议的话题，她们个个激情满怀，真心实意地为即将出嫁的女伴出谋献策，如协助选择布料，赶制新衣，按照习俗规定帮忙购买出阁时的必需物品。出阁前一晚，姐妹们与出嫁女同睡一床，一边道喜一边

闺中姐妹情深（张伟民摄）

嬉戏，其乐融融。女伴之间当晚几乎彻夜未眠，天未亮姐妹们便起床协助嫁女梳妆打扮。而老婶对姿娘仔嫁人虽欢喜在心，但依依不舍之情溢于言表。更有趣的是，当新嫁女三天“头当厝”（嫁后第一次回娘家），并兴致勃勃来到姿娘仔间时，姐妹们蜂拥似的将她团团围住，十分好奇地七嘴八舌地问这问那，逗得新嫁女羞答答脸红红，幸亏老婶前来解围才平静下来。改革开放以后，潮汕各地农村富裕起来的农民大都兴建了新房，居住条件有了较大的改善，这种寄宿式的姿娘仔间也就逐渐消失了。

过去街头巷尾经常看到一些准备结婚的潮汕姿娘仔到“挽面婶”家挽面，据说这是那个时候结婚前必需的程序之一。“挽面”，就是对该准备结婚的姿娘仔脸庞进行美化，拔去脸部细毛，使脸庞显得干净光滑。这是一种原始的操作方法，它完全不使用金属刀具，而是用坚韧的麻纱，用一碗清水、一块白粉和一支小竹夹子。挽面婶坐于高凳，被挽面的姿娘坐于矮凳，两人面对而坐。挽面婶首先用白粉涂于姿娘仔脸部，把原先准备好的线撑成“8”字形的活套，右手拇指与食指撑着“8”字的一端，左手扯着线的一头，牙齿咬着线的另一端，呈九十度角，形如刀绞。接着，右手一开一合，口咬着线与左手配合着右手，拉锯似的来回扯动，运用其交叉点一开一合的夹力将脸部上的细毛拔掉，整个过程需半个多钟头。挽面婶为即将出嫁的姑娘挽面后，还需进行挑眉，即用小竹夹子将疏散不规则的眉毛拔去，并小心翼翼地修整如画线，让准备出嫁的姿娘神采奕奕。而现代人称为“修面”的，则用剃刀刮去眉额间和颈后细毛，“挽面”与“修面”的一字之差，主要是使用工具不同，都是旧时潮汕姿娘的一种美容形式。在潮州市南门，有一位“挽面婶”是哑巴，她又高又胖，穿的花衣服干干净净，人很风趣，嗓门特大，每次都想开口说话，却怎么也不能把话说出来，心越急，嗓门就越大。每逢有小孩哭闹，当妈的姿娘就吓唬小孩说：“别吵，别吵，阿哑婶来了。”小孩马上安静下来。因哑婶“挽面”的

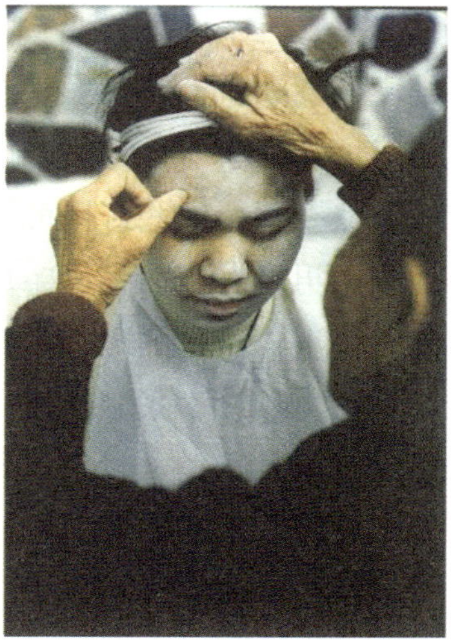
明天要当新娘（张烈华摄）

婉莹木刻《素妆》

手艺特别好，所以找她"挽面"的婚前姿娘仔一个接一个，有的还要预约上门，由此她每天常常是走东家上西家，每到一个"大门楼"（院子）里，总给大家带来一阵阵笑声，大家都很喜欢她。据说挽面又称"开脸"、"修容"，这是一个女孩子平生第一次的美容，所以非常慎重。有些农村负责给婚前姿娘仔挽面的还必须是"好命人"（子孙多，威望高的老妇人）。"挽面"完毕之后，还要赠送给挽面婶答谢礼。

曾经有人说过，传统是一个非常宿命的东西，当然这很难叫人一下子就相信。很多时候，有些年轻的潮汕姿娘仔外出读书，或是远走他乡去打工，她想改变一下原来不喜欢的所谓传统的东西。结果，在她不经意间总会骇然发现，那些原来自以为早已经被遗忘的东西又奇迹般地回到了身上，后来的做法与当地一些四五十岁的潮汕姿娘的做法居然一致，这些奇怪的东西让她迷惘。如有一个姿娘仔，她所在的地方重男轻女，而且母亲也一味地坚持这种传统观点，虽然口上不说，但骨子里透出来的语气和行为却表明了这一想法，即多子多福，一定要多生男孩。本来她已有一弟两妹，以为母亲会满意了，谁知道母亲还想多生一个弟弟，结果却又生了两个妹妹，最后才又生了一个弟弟。她是老大，家中很多的家务活都是她干的，她觉得很懊恼，她不喜欢过这样的生活，她想读书，想用知识改变命运，结果一气之下远走他乡去读大学，一开始她为摆脱了传统而洋洋自得，以为从此远离了母辈的生活，远离了一个地方的气息。谁知道后来谈恋爱的对象是同班同学，又是同县的老乡，等她缓过神来，想起当初远离他乡的初衷时，却已经来不及改变了。因为她知道，她和对象必定会回到家乡成家立业，那时候，她就有可能走上和她母亲一样的生活道路，夫家也一定会按传统观念要求她多生男孩。这是让人笑不出来的笑话。

潮汕地区以前城乡的差别很大，城市的姿娘仔不强求自己一定要按照过去的旧传统和旧观念来主导生活，希望自己能尽快独立。特别是作为我国沿海口岸城市的汕头，在清朝末期受到欧洲洋化的影响，她们虽然喜欢自己裁剪衣服，喜欢刺绣、做女红针线活，但更希望寻求一份固定的工作，找到称心如意并有共同语言的丈夫。因此寻找未来夫婿多是在同学及同事之间交往后自己选中的，经过自由恋爱相互尊重而组成的家庭为数较多。而多数长期生活在小城镇和乡村的姿娘仔，则希望通过婚姻来改变自己的命运，父母做主及媒妁成婚的较多。改革开放后，还有很多姿娘仔随着生活的变迁，与家人一起离开潮汕本土，到外地后很快适应了新的环境，但仍然保持了潮汕姿娘仔安分守己、心灵手巧的优良传统。至于现在是否有姿娘仔还在为自己以后出嫁缝香包或是绣荷包的，已经很难断定，但我想，只要是她们自己喜欢的，就没有她们不能办到的事。

四、送红头船，扶老携幼寄情“番批”

当年的红头船，从澄海樟林古港出发，载着一船船年轻力壮的潮汕男人去南洋谋生，其中，有的去投靠亲友，有的去做生意，也有的作为华工去开垦荒山野岭或去矿区当苦力。当年这里曾经是明清的一个海上门户，红头船通达越南、泰国、马来西亚、印度尼西亚等东南亚国家和地区（俗称南洋）。当时的潮汕男人勇于开拓，集资造船出海，第一艘红头船就从樟林港驶出。据史料记载，清乾隆、嘉庆、道光、咸丰的百多年间，先后从樟林古港乘坐红头船漂泊到南洋的潮汕男人，他们靠自己的聪明才智和吃苦耐劳得以繁衍生息，在陌生的国度胼手胝足，创造了富庶和繁荣。著名的潮裔后代泰王郑信的祖先也是乘坐红头船出外谋生创业的。那时候，澄海樟林古港岸边，经常是人头攒动，每有红头船要出海，家里的姿娘们都千叮咛、万嘱咐，要男人们到了南洋就及时给家里报平安。在潮汕老家，姿娘们守护家园，勤俭度日，扶老携幼，等待南洋那边的男人们寄来“番批”，每有水客送来番批，就知道那边的男人平安，同样，水客也把这边家里的情况传递给那边的男人。这样，通过水客的来来往往，两边的相互牵挂也能得到相知、相通，守家的姿娘才得以放心。

（一）血色的红头船

潮汕地区濒临大海，红头船是明清时代南海许许多多木制帆船中的一种。潮人之所以乘红头船过番，有其独特的历史背景：明清时期，为了巩固统治政权，封建王朝先后制定了很多闭关锁国的海禁政策，对广东沿海地区，凡是漂洋过海船只一律严禁。康熙元年（1662），潮汕的澄海、饶平一带被勒令内迁五十里，导致原来靠海吃海的百姓流离失所，民不聊生，哀鸿遍野。直至康熙二十三年（1684），海禁政策放松。在这样的大环境中，很多潮汕人为了生计，合伙私造木船，参与海上贸易，也兼有专程载人，由此，很多的潮汕男人为了寻找各种谋生方式远赴东南亚。雍正元年（1723），清政府为了便于对各省商船、渔船进行审批、登记、发牌，规定各省商船在船体两端头尾部位和大桅上半截涂上各种不同的颜色，广东船舶按规定涂上红色油漆，称为红头船。

红头船的船体大，载重也大，一般每艘船载重自数十吨至两百余吨不等，那时候，每每红头船来，一批又一批的潮汕男人就这样跟着红头船走了。如资料记载，道光四年（1824）二月，一艘红头船从樟林载客出发，在海上航行 26 天后，抵达雅加达港口，单是那条船上就有 503 名搭客，加上船员共 619 人，这还不是大船。有时候稍为大些的红头船可载客多达 800 人，连船员超过 1 000 人。红头船在长达几十年的运载过程中，先后到达泰国或东南亚其他各国，人数达百多万人。至 1858 年，红头船时代结束，单是泰国就约有华侨 150 万人，其中 60% 是由樟林港乘红头船到达泰国的，也有很多人去了东南亚的其他国家，更有由此辗转其他国家发展的。

红头船（曾建平供稿）

有的潮汕姿娘看着男人们上了红头船后，从那一天起，就在家里翘首以盼，扳着指头数日子，一有红头船来，就心慌慌，总想到樟林港码头去看看，是不是水客来了，家里的男人带来了什么消息，或看看是否有水客带着番批到来，等等。在确定自家男人这次没有托水客带来番批和什么消息时，姿娘心里自然不免会产生对那边男人的挂念，也会由此浮想联翩，心中千言万语，无以排遣。我认识的许姐，她的爷爷家原本是普宁的大户人家，后来爷爷坐红头船去了泰国做生意，留下奶奶在普宁照顾孩子和老人。奶奶看到其他的姿娘接到番批，而她没接到，虽然家里经济宽裕，不等番批作为家用，但许姐的奶奶心里不免会产生对那边男人的挂念。后来等孩子大些了，奶奶似乎觉察到一些不同寻常的危机，也跟着“包裹拍起过暹罗（今泰国）”，到了那里，才知道爷爷在泰国与当地女子建立了家庭，奶奶是糟糠之妻不可弃，这是潮汕男人喜新不厌旧的说法。幸好奶奶一直信佛，有宽宏大度的气量，相安无事。许姐的父亲是奶奶去了泰国后在泰国出生的，长大后被父母送回家乡读书，后来认识了母亲。当年母亲是富家女，和父亲一起读书，他们这一辈人当时接受了新民主主义思想，同时，还要为解放全中国的劳苦大众努力奋斗。母亲被父亲的新思想深深吸引。后来父亲和母亲参加了共产党的地下组织，以在普宁当教师作掩护，从事地下工作，并且经常来往于东南亚，直至汕头解放，才真正在这座城市当上人民教师，“文革”后又回到泰国继承家产。

澄子国画　《昨日情怀》

事实上对于上了红头船的男人来说，有机遇也有风险。的确，有更多的人乘红头船去了南洋后，用十年二十年甚至更长的时间，历经磨难发了财，衣锦还乡。因为大多数潮汕男人胆大心细，敢于冒险，在每个朝代都有海外乡亲发财致富，以及一些带着传奇色彩的故事在潮汕本土流传，所以造成了更多的人愿意前往冒险。澄海隆都镇前美村的陈黉利家族祖先，就是经历了从在红头船上当学徒开始，再到开船、经营红头船，又在东南亚各国及香港创业的过程，一代接着一代再把家业做大做强，这是一个充满传奇色彩的典型，陈黉利家族后来成为“泰华八大财团之首”，“富甲南洋”，至今历六代百余载，仍然兴旺发达，不少后人还在欧美开枝散叶。什么是赚大钱，起大厝，衣锦还乡，光宗耀祖，陈黉利家族传奇的故事，就是当时很多潮汕男人被激发去南洋励志创业的榜样。

而有一种作为“猪仔”被掠去当劳工的华人，却是充满辛酸和万般无奈的，他们过着非人的生活。潮汕俗语说“日里窟，会得入，袂

回家看看（翁志雄摄）

得出”，反映的就是华工悲惨的生活。19世纪末，西方的殖民主义者在潮汕掠夺华工后，英国的殖民者将他们运到英属的新加坡和槟榔屿，再转运到爪哇、苏门答腊、北婆罗洲等地，开垦甘蔗、橡胶等大种植园和矿山。荷兰的殖民者主要将华工运到印度尼西亚的日里。这些掠夺华工的活动是十分不人道的。大海茫茫，生活条件十分恶劣，加上船主害怕工人造反，把人关在底舱，场地狭窄，难以容身，常常因疾病、饥饿和缺水而大量死亡。这些被掠运出洋的苦力是被迫无奈遭遇不幸的，据说1852—1858年从汕头掠运出洋的苦力，共有四万人。而在这六年中，妈屿岛就先后有八千多名苦力被弃尸海滩，无人过问，占运出苦力总数的20%。

据说当时的红头船每年九、十月间，乘东北信风出发，遇上好风，四帆齐张，船行如飞。每次漂洋过海去泰国，如顺风顺水，行程需二十几日；如遇上风浪，则需一个多月。如偶遇天有不测风云的时候，就是红头船及船上几百号潮汕男人的悲哀，也是家乡妻儿老小的悲哀。如某天早晨起来还阳光灿烂，要去南洋的男人们背上包裹上了红头船，拉起高大的桅杆、风帆从澄海樟林港出发。那时刻，一点儿也没觉察到，天边的一团团乌云正随风聚集，红头船驶入公海后，家乡远了，海域更深了，天阴沉沉的，一阵寒风扫过，前头的狂风巨浪袭来，船只被掀起，翻了个跟头，连船带人被抖进海里，红头船顷刻间葬身海底。海水，又苦又涩，浸泡着男人们的心，同时，也浸泡着女人们的心。海面上苟活的人那撕心裂肺的哭喊声，还有正在生与死之间挣扎的场景吞噬着人们的心，一幕幕惨状、一个个冤魂、一张张怨妇哭丧的脸令人揪心……多少家庭从此陷入苦难的深渊。有人说，红头船的红色是血和泪凝聚而成的。

（二）一句话一生情

每每在送别红头船之后，潮汕姿娘们心目中的红头船，已经不是一般载人的船了，而更像是远赴南洋的男人的魂，那高桅的大型木帆船，红色船头两旁那圆圆的大眼睛，就像有生命一样，精气神十足。红头船来了又去，去了又来，来来去去的，牵扯着潮汕姿娘的魂；有时在夜里，姿娘一闭上眼睛，就感到她的男人像是海面上的一条大鱼，在海水中游来游去，游去没多久又游回家来。姿娘定一定神，自言自语道：“我为什么要放他走，这一走什么时候才能回来，这守活寡的日子什么时候才能到头啊。”也有的姿娘一心想着：“我会照顾好家中老人和孩子的，你一定要努力，一定要赚钱、赚钱，赚很多很多的钱回来‘起大厝’（建大房子），买田地，衣锦还乡，光宗耀祖。”其实，很多的姿娘就是怀着盼望男人衣锦还乡这个念想，支持自己的男人去南洋拼搏、找生路，其结果是否如愿，谁都很难预料。

新嫁姿娘（翁志雄摄）

叙述家事（翁志雄摄）

留守家园（翁志雄摄）

当时很多潮汕先辈男人习惯使用竹编的圆筒形大篮，大多数人就是背着这种“市篮”上了红头船过番的，“市篮”全用篾青编制，较深，不画花，打桐油，不透气，口略收而有盖，盛的东西较多，可以带上近一个月吃的甜粿、换洗衣服、简单的日用品等等。可以说，当时的潮汕姿娘，是潮汕华侨历史发展阶段一个特殊的群体，家中的男人远赴南洋去赚钱养家，姿娘就得担负起照顾老人和小孩的责任，每天一家人的吃饭穿衣、浆洗缝补、田间劳作，都是姿娘们在侍弄。每到夜里，孤灯下，姿娘们苦苦等候着男人的音讯，这种心灵上的苦和白天体力劳作的苦交织在一起，使得潮汕姿娘承受着双重的煎熬。当然，谁都会希望天一亮，就有水客到来的消息，就有“番批”和男人要回家的喜讯到来，这是每个姿娘夜里所有的美梦。如果幸运，走过了最初的艰难困苦，等到真有一次“番批”到来，就有第二次、第三次甚至以后无数次的“番批”，这就是美好生活的感觉，每天的生活都充满阳光，心中又充满着期待。如果碰上“天有不测之风云”，遭遇了天灾人祸，那就是无法估计的灾难。

于是，在那个特殊的年代，潮汕姿娘最怕的就是要做“舂甜粿”，一旦要准备做“舂甜粿”，那就意味着要离别，家中男人要跟红头船走了。潮汕俗语说：“无可奈何舂甜粿”，之所以无可奈何，就是迫不得已而为之。在那时候，甜粿是一种用糯米粉和糖做成的，是口感很好又不必冷藏且不易变质的稀罕食品，要逢年过节才能舂甜粿祭祀祖先或者拜神，平时是不会随意舂甜粿吃的，即使是富贵人家，也不可能有此奢侈。因此每当有潮汕男人准备漂洋过海去搭乘红头船时，就必须多带一些甜粿，备足能吃一个月左右的量，以防不测之需，所有过洋者家庭的姿娘就要赶紧准备“舂甜粿”。如果不是生活所迫，哪一个姿娘愿意让她家男人或她的儿子冒着风险，背井离乡远赴南洋去谋生呢？如果能在本地做生意，谋得一份收入，能让一大家子过上安稳的生活，谁又愿意离开妻儿父母和温馨的家呢？而一些姿娘仔也怕被一些媒婆的巧嘴所惑，嫁给一些新婚不久后就要跟着红头船过番的男人，邻家或亲戚中的婶辈姨辈们长年孤灯苦守男人，无尽期等待男人归来却终身守了活寡的例子太多，数也数不过来，这让姿娘仔们望而生畏。而一旦碰上要跟红头船走的男人，姿娘仔也只好听天由命了。

有的潮汕姿娘听信了男人临上红头船之前的一句话：“等我回来啊。”一等就等了一辈子。正所谓“一句话，一生情”。汕头市区陈叔的父亲，当年在澄海樟林背个市篮上了红头船，回头对送行的新婚妻子说一句：“等我回来。”说完，新婚妻子含情脉脉地朝丈夫挥挥小手。这一别，这双小手后来变成了粗糙的大手，含情脉脉的姿娘，经

过时间的磨砺，岁月无情的摧残，后来当了阿嬷，儿孙绕膝，就此相隔了半个多世纪都没与丈夫再见过面，直至去世前生病，儿子要求父亲一定要回来，那一天丈夫才从泰国乘飞机赶来，当然夫妻俩最终还是阴阳相隔，她在他到来之前咽了气，眼睛没有闭上，家人一直在等从未谋面的公公，直至阿公到家，直奔灵堂，在她耳边说几句话并抚上她的双眼。陈叔的父亲为什么“过番”后从不回家，为什么要让妻子一辈子守活寡，为他付出一生的情？

原来，陈叔的父亲年轻时“一失足成千古恨”。陈叔的父亲人称阿雄，母亲娇小玲珑，人称阿美，母亲比父亲小 8 岁。当年阿雄从澄海樟林跟红头船去南洋后，心里一直记挂着家中父母和新婚妻子阿美，特别是阿美那双深情哀怨的眼神刺痛着他的心，但为了大家族的生意，他不得不离开家庭，离开新婚妻子。阿雄的父亲原来在南洋做生意，逐渐老了，身体有病，把生意交给大儿子，回乡养老，同时要小儿子过南洋去帮大哥。大哥顶替了父亲的工作，而阿雄初来乍到，一切都由大哥安排，工作、生活、住宿等都由大哥照顾他。此后不久，阿美有了身孕，怀胎十月后生下了儿子陈叔。当阿雄知道妻子生下儿子时，准备第二天回家。恰好当天就有一个男人约他去喝酒，以往阿雄是从不外出喝酒的，但那天他高兴，想到自己已当父亲了，就有些情不自禁。而这个男人是一直与他们有生意来往的一个胶园老板，叫黄铭，他一直都很留意阿雄，想为自己的独生女儿招婿。黄铭当天晚上请阿雄喝酒吃饭聊天，目的就是想把自己的想法告诉他。但阿雄没觉察黄铭的用意，他以为黄铭是和他喝酒而已。当黄铭得知阿雄有了儿子，就有意灌醉阿雄，并在阿雄醉醺醺时把他带回家，回到家后还有意叫女儿服侍他。当晚，黄铭的女儿和阿雄同床共枕，生米煮成熟饭。第二天，正好大哥忙生意没在意阿雄做什么，以为阿雄回了唐山正在路上，谁知晚上黄铭找上门来，对大哥说了阿雄和自己女儿的事，说是要大哥同意阿雄和自己女儿结婚。大哥一下子乱了方寸，先把阿雄叫回来问清楚，想和家中父母商量已不可能了。考虑到黄铭早年也是从福建过去的人，他的老婆是南洋当地红黑两道势力都有的本地番人，谁都惹不起她。再说是阿雄到了人家家里惹出的事情，他只好先问阿雄自己的意愿。阿雄经过一番思想上的挣扎，愧疚难堪，也不敢再面对家人，不敢回到潮汕老家。他只好回应大哥说是心甘情愿的。

大哥无语。阿雄再婚后，儿女成群，家中老父老母也坚持不认他们，不让他们回潮汕老家。此后又有几次机会可以回家，但阿雄心中有愧，仍然过不了自己这一关，就再也不敢回家。老父老母先后去世，阿雄知道后马上托水客寄钱，还是不敢回家。其实，最主要的原因是阿美说过不让他回来。儿子陈叔是在30岁时父亲主动和他联系上的。知道母亲内心的挣扎，也知道母亲无法原谅父亲，他不敢说出自己和父亲联系上的事。这一切都很无奈。问苍天，问大地，情为何物？母亲千百次地哭泣流泪，让小小年纪的陈叔看在眼里痛在心上，他也痛恨父亲的无情，特别是母亲晚年经常生病，虽然父亲经常寄钱回来给母亲治病，但始终都没得到母亲的原谅。

（三）守望苦涩家园

在封建社会，在战火纷飞的年代，在经济困难时期，家家都有一本难念的经，但每在大难之时，潮汕姿娘为了家，为了丈夫，为了孩子，能无私奉献，甚至达到忘我的境界。丈夫长年不在家，那潮汕姿娘就要全部承担家庭的重担。而且在这副重担之上，还有另外一副无形重担：对丈夫命运的牵挂。在潮汕一带海滨，到处都有“望夫石”的景点，那些都是由历代潮汕姿娘等待海那边的另一半而望眼欲穿的血泪铸成的。

渔人之家（翁志雄摄）

有海就有潮人（翁志雄摄）

当年的红头船满载着潮汕男人远涉重洋背井离乡去谋生的时候，多少潮汕姿娘还是刚“出花园”就穿上嫁衣的小女人，是男方为了出外谋生娶来侍奉公婆的，丈夫走后，怀胎十月，把孩子一个个拉扯大，几年十几年过去了还不见丈夫身影的也不在少数，潮汕姿娘牵肠挂

肚，在等待丈夫过程中，为生活所迫，用手中的针线，刺绣、抽纱，样样能来一手，她们以心灵手巧换取工钱，贴补家用。姿娘们在守望家园的漫长苦涩的过程中，身心疲惫。有时那边的男人出了意外，无法定期寄来“番批”，姿娘们赖以养家的经济命脉就中断了，真是苦不堪言。身边的亲戚中就有活生生的例子。

表亲中的老姨，出生在清末，年轻时大家都叫她阿兰，16 岁就出脱得貌美如花。由于家道殷实，阿兰从小受过私塾教育，有关女子守妇道、敬公婆等三纲五常、伦理道德渗透在她的灵魂中。正当花季的她，刚出花园不久，还没来得及思考人生，没来得及憧憬美丽的未来，没来得及享受豆蔻年华的天真烂漫时光，父母亲就在当地媒婆的蛊惑下，把她许给了一个富裕的生意人的儿子，丈夫比她大 6 岁，其父亲早年在南洋做生意，不久前去世，只有丈夫和他母亲在家。据说当时的算命先生说，丈夫和她是最好的六合，于是 16 岁的“姿娘仔”和 22 岁的“禾甫仔”这两个从未谋面的人就这样走进了洞房。婚后还没度完蜜月，还没从新婚中磨合好夫妻之性情及互相了解到彼此的爱意，丈夫就远赴南洋了，说是跟随他的叔父去学做生意。丈夫临走前几天才告诉她的，那时候，她婆婆要求她学“舂甜粿”，并说以后丈夫会常来常往南洋了，也就是要常常“舂甜粿”了。阿兰很快就学会了“舂甜粿”，她的婆婆高兴不已。丈夫走后十多天，阿兰开始感到身体不舒服，婆婆请医师来看后，确定她怀上了孩子，不到一个月的新婚日子，丈夫就给她留下他们的第一个孩子。这时候，阿兰才知道没有阻止丈夫跟着红头船远赴南洋是自己的错。丈夫这一走，决定了她的命运，就是要和她婆婆一起，做这个男人家中的留守女人，从此要经受一生的磨难和坎坷。

只有 16 岁的阿兰在一次次望穿秋水中，盼来了丈夫寄给家里的“番批”，盼来了首次回唐山的丈夫。后来丈夫每年回一次家，在家住上十天半月，红头船开走，丈夫也跟着走了，而每一次走后，她的肚子里都会怀上一个孩子。一生中的年轻时期，丈夫前后回了四五次家，就给阿兰留下了五个孩子。这期间每一次的强烈妊娠反应，每一次生孩子前的阵痛，孩子生下来后，孤灯下孩子的啼哭伴随着她的不眠之夜，有谁知道。平时除了婆婆帮忙看孩子，生活中的所有事就靠她那原先稚嫩的双手。阿兰知道，丈夫每次寄“番批”都是写给婆婆收

沟南许地（晓秋摄）

的，收后婆婆再告诉她。这是潮汕男人“过番”一直以来形成的规矩，女性作为收批人是上下有别的，“祖母在，即不寄母亲，母亲在，即不寄妻子，甚至，儿孙和侄儿看起来都比妻子更享有收批的权利”（杜式敏《从潮汕侨批看海外潮人的女性观》）。后来婆婆在50岁那年，生了一场大病，从此卧床不起。此后生活日见艰难，婆婆原先家里存储的银元除了看病也所剩无几了，为给孩子读书的费用，家庭生活的费用更加俭省，已经差不多要坐食山空了。为了帮补家用，她每天为人缝制衣服，做针线活，做工艺品，刺绣抽纱样样都做，有时还应季节在房前屋后种菜种瓜，腌咸菜，腌萝卜干，还要服侍病床上的婆婆，于是她那双稚嫩的手逐渐变得粗糙。她很纳闷，自从婆婆生病几年，为什么丈夫一直没有回家，也没有给家里寄过“番批”。她瞒着婆婆托人打听才知道，丈夫几年前做生意失败，所有钱财都几乎散尽，无颜再回家乡，郁郁寡欢，不久便撒手人寰。婆婆就是知道这一消息才中风并从此卧床不起的，但婆婆就是不说出来，也是怕阿兰接受不了，有意让从南洋回来的人不要向阿兰说出实情，阿兰就这样一直被蒙在鼓里。她的心像被刀割裂一样疼痛，她理解婆婆痛失儿子的心情，婆婆也理解她失去丈夫的心痛，回到家里，她和婆婆抱头痛哭，郑重地告诉儿女们失去父亲的噩耗，给儿女们讲很多以后做人的道理，并要求五个儿女从此要自立自强，该读书的时候就认真读好书，以后出来做人做事才能顶天立地。不久，她托人将丈夫的骨灰寄回家，当收到从海外辗转寄来的一个包裹，即丈夫的骨灰时，一家人个个哭得像泪人。办完丧事，定神之后阿兰才感叹丈夫真正是落叶归根了！当时的阿兰不到30岁，她那羸弱的双肩如何承受这难言的沉重。之后，有一位邻家的男人很照顾她的一家，他知道她失去丈夫后想和阿兰说合，阿兰随即婉言拒绝，说是丈夫给她留下的五个孩子已逐渐长大，大的男孩每天读书回家能帮忙做家务，看管弟妹，并帮着给婆婆端茶倒水，她要为儿女守住这个家。

琴音抒怀（翁志雄摄）

20世纪70年代末再见到阿兰老姨时，她已70来岁，她的孩子们都很有出息，大儿子是市政府某个部门的官员，小儿子自己创业当了老板，三个女儿一个当教师，一个当医生，一个是企业的财务人员。儿女们各自有了家。阿兰老姨带着婆婆一起住，有个远房亲戚来她家帮忙。她每天和三几个老姐妹到公园锻炼身体，打太极拳，节假日儿孙绕膝，其乐融融。令人惊奇的是，她的婆婆大病之后恢复得很好，现在90多岁了，笑口常开。当时婆婆卧床几年，是阿兰心情最压抑、生活最艰难困苦的时期，但阿兰还每天替婆婆按摩全身，请人来为她针灸，后来婆婆奇迹般地能自己走动了，还能说出话来，过正常人的生活，这都是阿兰的功劳，扶老携幼，珍惜亲情，使得“家和万事兴”啊！在潮汕大地，像阿兰这样的潮汕姿娘有很多，男人去了南洋后，活寡死寡守了几十年，虽然没有等到丈夫衣锦还乡、光宗耀祖，但也以潮汕姿娘独有的吃苦耐劳、温良贤惠的美德守住了一个温馨的家。

守家女人（翁志雄摄）

小院门前的角花（澄子摄）

（四）寄情"番批""水客"

那时候的"水客"，曾经是潮汕"过番"男人去了东南亚后应运而生的一种职业，他们附船固定地来往于国内外，成为侨胞亲眷还乡的向导，又随身携带番批或物件交给侨胞或侨眷，把过番男人的信息及要寄给家里的财物带给潮汕大地的每个家庭。潮汕男人绝大多数都能孝顺家中父母，念念不忘家中妻儿老小，大都是"好仔"，也很"顾家"，他们之间也都能经常相互提醒，起到制约和规范的作用。但也有例外，就是有的亲属不珍惜那边亲人辛苦劳作赚来的血汗钱，每有番批寄钱来，就任意挥霍，很伤过番男人的心。

老家（翁志雄摄）

乡梦（翁志雄摄）

在潮汕历史文化中心搜集到的一些家批，侧重写了远涉重洋那边男人的恋家、爱家、思家的情结，这种情结紧紧地扎在他们的心头。而在潮汕姿娘日夜思念南洋那边的潮汕男人时，那边的潮汕男人又是怎样的状况呢？如一个叫李芝敏的男人，人虽在印尼爪哇岛三宝垄，而心却系着潮汕老家，所以每次来番批都忘不了问道：“米贵若干？厝中情况希写明来知。”尤其是对老母的关怀，更溢于言表。他写的家批中，有对在港的弟弟说：“知悉吾弟在香港已经结婚，兄得此消息，真为吾弟贺喜。未知吾弟此次结婚是自由选择还是由媒人介绍，此女士何籍人？父母在否？结婚后自己租厝或居住女人厝，有便请写明来知。吾弟每月入息若干？竟有材料结婚，而唐中母亲来信云吾弟数月无寄家批，现已结婚，自己需要担自己之家庭，今后对于寄批方面，恐发生困难。请吾弟知深想一点，俺之家庭，现在拮据万分，理应设法救济，免使唐中老母受饥饿。”李芝敏的父亲早年去世，他是长子，潮汕地区“无父兄为长”，是一份沉甸甸的职责。李芝敏对家庭的关怀、对老母的孝顺、对弟弟的教育和指导等都是当时番批特有的共性，也是家中姿娘们克勤克俭担起守家重担的动力。在南洋那边，所在地方经常有动乱，最使李芝敏牵肠挂肚的还是老家澄海。因当时国内临近解放，钞票贬值、米价高涨、抽丁勒粮、治安混乱、民不聊生，所以家中母亲的安危使他焦虑不安！因为“唐山”所面临的惨况，远在海外的华侨也深受其害，最严重的是经济上的损失。为了养家番批，很多潮汕男人不得不买黑市外汇，汇率差价损失近大半价值。可是款汇到潮汕后，又遭通货膨胀急速贬值，致使很多华人都受到双

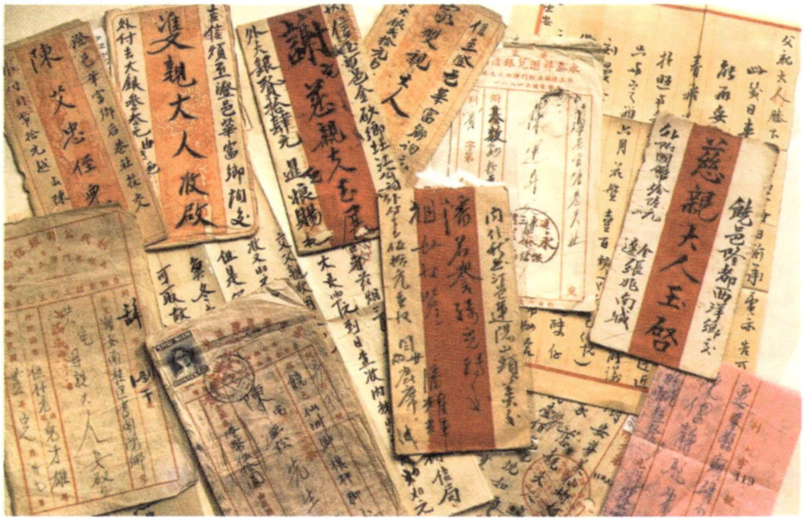

番批（翁志雄摄）

方面的损害。但为了老母亲和家中的其他亲人，很多华人只能忍受这种无奈。赚钱养家、寄番批，是对潮汕妻儿老小深重的责任感，这也是古往今来潮汕社会的传统伦理观念，以身家名气为重，由此，侨胞思家观念不但不淡薄，反而成为侨胞们心中解不开的情结。

另外，并不是所有出洋谋生的人都能赚大钱，其中有许多是做苦力的。他们远涉重洋，踏上一片完全陌生的土地，再苦再累也要挨着，他们的目的就是能够赚到一些钱银，寄回家里养家糊口。潮汕有句俗语：“番畔钱银唐山福。”杜桂芳在《潮汕侨批》中写道：“责无旁贷与心安理得倾斜和心理同构。”到了异地，大多数从事苦力劳动的人，收入较低，生活境况大多不佳。在侨批中常看到“行情冷落，入不敷出”、“商业凋敝，取利无门”、“左支右绌，生计艰难”……即使遇上风涝火旱、政治动荡、货币涨跌等情况，他们也想方设法寄来番批和钱银，不让家里的人“繁裸”（挂念）。正如潮汕歌谣所唱的那样：“……上山来做工，伯公朵隆保平安。雨来乞雨沃，日出乞日曝。所擎大杉桁，所作日共夜，鸡啼五更去冲浴，冲到浴来是怎生？海来相阻隔，夽得唐山我奴来拍抨。信一封，银二元，叫奴刻苦勿愁烦；团儿着扶持，教伊勿赌钱，田园着力作，猪仔着力饲。等到我赚有钱，紧紧回家来团圆。”而国内家属却甚少顾及海外亲人的种种艰辛，而是把这种依赖视为理所当然，需求远远超出了及时寄去的钱银，有时候还会有怨言。

后来交通条件有了改善，“水客”们也不一定都要附船回潮汕送番批，有的可以坐飞机，住在华侨旅社，约见潮汕这边家属前来签收番批。

曾在互联网上看到名为“最后的水客”的文章。这是发生在汕头的故事，一个年轻人随母亲和表兄在 20 世纪 90 年代去见水客签收番批的实录：“那时，我母亲有一位表侄，在普宁乡下，每年的固定时间总要来汕头等番批，就寄住在我家，不长，只一两天。初时我不解，后来听母亲说，才知道他是来领泰国父亲也即我母亲的表兄托“水客”带来的番批的。每回都由母亲带着表兄去领。有一次，我也跟着去瞧热闹。那位水客带着番批就住在汕樟路的华侨旅社，当我随母亲前往时，看到的那位水客，是一位 60 多岁的老华侨，皮肤黝黑，一副风尘仆仆的样子，但很忠厚。他似乎很熟悉了，不需任何盘问，就拿

出一封信来，这就是番批，封皮有姓名、地址，内页有钱的数目及平安之类的家常话。核对了数目，收了钱就签名……当时我很奇怪，现在邮路这么发达，怎么还要如此繁琐，但母亲说，一向都是如此。后来，我才明白，这种托水客寄钱物的方式是一种历史的遗留，从清朝末年即兴起，一直延续了上百年。……解放后虽说邮汇已很方便了，但不少东南亚的老华侨还是信赖传统的水客携带番批的方式，这或许也是一种情感上的怀旧。随着那一代老华侨的故去，水客们的时代也将永远地逝去。……几年之后，母亲的表兄以八旬的高龄在泰国去世，也是水客带来的噩耗。看得出这位水客脸上布满了疲惫与凄凉。他说：'这是荣华老兄托带的最后的番批了。'平淡的声音里怎么也遮掩不住那份无可奈何的凄凉。从此之后，母亲的表侄再也没有来了。成为我永不磨灭的有关水客与番批的回忆。"在红头船的时代，"水客"是潮汕守家姿娘最欢迎的客人，每看到他们，就像看到了亲人，也看到了惨淡生活中新的希望。每在这个时候，守家的姿娘们就会赶紧写好书信，或是另外请人代笔写好书信交寄"水客"带给南洋的亲人。那时候，小公园一带的街头巷尾摆台代写书信的先生就有很多。而"水客"在一定时期内，带给守家的潮汕姿娘的心理安慰是不可替代的。

阿嬷的唱本（翁志雄摄）

沧海桑田，时过境迁。如今，当红头船和"水客"已经成为历史，很多当时的华侨、华人永远不会忘记这些刻骨铭心的往事。几十年后，他们之中很多人选择了适当的时机回家，无论自己是穷是富，潮汕老家只要有母亲在家，有姿娘在家，有族中的亲人在家，这里就是他们的精神家园。而当年潮汕姿娘在家苦苦相守的，是千百万个家庭外出男人的一个群体，这个群体的命运兴衰是紧紧相连的，是福是祸都揪着每家每户姿娘们的心。有的当年十来岁就坐红头船去东南亚的人，他们的后代有些又辗转去了其他国家，为了不让后来人忘了祖先，这些人家的第二、三、四代，一家老少回到潮汕老家也不少，回家后寻找小时候吃的“巴浪鱼”、“牛肉丸”、“菜头粿”、“鼠壳粿”等潮汕美食。这些东西虽是很普通的食物，但当年是他们最美味的食物，是少小离家老大回的人在怀旧。泰国前“暹罗”王朝三世国王特敕令制作红头船模型一艘，存放于暹京岩泥瓦寺，作为中泰友好关系的纪念；在湄南河畔，同样耸立着泥灰结构的红头船模型，成为当地的一处标志；在泰国前总理察猜·春哈旺的客厅中，至今仍陈列着一艘木质红头船模型。在曼谷郊外或内地山野，很多早年华侨的墓地都做成红头船的桅杆。其用意是：生前是坐红头船“过番”来的，死后的灵魂也要乘坐红头船回乡，由此感觉红头船情结及潮汕男人自强不息的精神，这些都是潮汕姿娘灵魂深处的依靠。

五、贤妻良母，相夫教子的“脚桶箍”

前几年，广州、深圳、珠三角地区，一些媒体的文章，都在宣传潮汕姿娘的贤妻良母形象，还配有一些讨论。怎样评价潮汕姿娘，从客观上讲，这个地区很多家庭都是姿娘在家相夫教子。相夫，其实就是与丈夫相互扶持、相互辅助的意思。然后一起拉扯子女成人，使他们成为循规蹈矩的正人君子。正如民间所说，姿娘是一个家的“脚桶箍”。就是说，这个家，只要有“姿娘人”（老婆的俗称）在，这个姿娘就把心思都放在家里，敬老惜小，收拾浆洗，勤俭持家，日子过得再辛苦再艰难，也能挨过去，家就不会散了。这句话充分表达了潮汕姿娘在家庭中的重要作用。

（一）尊崇“三从四德”

都说潮汕人很传统，潮汕的男人有大男人主义，不好说这是褒还是贬，万物都是相辅相成的。有人说，只有男人更像男人，女人才会更像女人，没有热血男儿，怎会有柔情似水的女人。如果说潮汕的男人有大男子主义，那么潮汕的姿娘就是最传统的女人。许多学者和外地人都说，潮汕地区的姿娘是最具有中国传统美德的女性，是东方女性的典型代表。这些说法和现象只能以事实说话，以大多数带有普遍性的人作为代表。据说在国内的许多大城市中，每十对结婚的夫妇中，就有两对选择了离婚，离婚率达 20%，而潮汕地区依然保持着不足 8% 的较低的离婚率。

自古以来，在潮汕人的眼里，家庭中夫妻双方的分工十分明确：男主外，女主内，好像成为一种与生俱来的规矩。潮汕在地理环境上靠海吃海，潮汕男人要么出海打鱼，要么外出做生意，有的甚至要跟

着红头船到国外去打拼。男人们拼搏赚钱就是为了养家，于是“家”成为潮汕男人心目中最重要的一份责任。男人是家中的顶梁柱，养家是责无旁贷的。要是一个家庭的经济状况不好，没本事赚很多钱，男人会觉得全是自己的错。潮汕的这种男人长年不在家的生活方式，使潮汕姿娘必须在家守望，故一般都能忍辱负重，逆来顺受。女人就该听命于男人，正所谓“嫁鸡随鸡，嫁狗随狗”。另外，在潮汕传统文化熏陶中成长的姿娘们，非常尊崇“三从四德”，“三从”即：未嫁从父，既嫁从夫，夫死从子；“四德”指德、言、容、功，德是贞顺，言是辞令，容指仪态，功指女红。具体而言就是贞节、孝顺，说话得体，仪态端庄，女红精湛。这些从小就被强化，家庭教育和社会观念根深蒂固地印刻在她们的意识中。穿着打扮可以很新潮开放，但骨子里的传统观念还是深深地影响着她们的行为，使她们个性内敛、温厚而单纯。姿娘们认为自己在家顾老惜小守住家园，让男人回家有口热饭吃，有口热汤喝，有家的归属感是理所当然的。

在大部分潮汕人的家庭里，儿子媳妇跟公婆同住是很普遍的现象，在潮汕姿娘的心目中，孝敬公婆一点儿都不比孝敬父母少。潮汕姿娘出嫁后一般很少跟父母同住，而父母自女孩很小的时候就教导她们，要自爱、自立，以后长大了出嫁了就要孝敬公婆、相夫教子，与姑、侄和谐相处。这是潮汕姿娘对家庭的“大爱”。在深圳做生意的薛女士是潮州人，在家乡潮州的一次招工中被招到深圳一家公司当职员。面对突然而来的灯红酒绿，薛女士很懂得自爱，虽然工作很累，但她一直觉得“很有欲望读书”，就在很多同事忙着谈恋爱和享受生活的时候，她用四年时间在深圳完成了外语和会计学业，拿下了大专文凭。之后才在朋友的介绍下认识了同是潮州人的男朋友，也就是她现在的老公。结婚生了小孩三年后，她创立了自己的公司，当时丈夫还在一家国营企业上班，只有在下班后才能过来帮忙。那时她的起家成本就几千块钱，为了省钱，她不请搬运工，不租仓库，进货的时候，直接把货运到商场，自己搬运，实在搬不动就出十元钱请司机帮忙。不管再苦再累，薛女士还是自己动手给老公做饭，她说，只要两个人在一起就很开心了，不要计较太多，能者多劳嘛。而且为所爱的人去做事不会觉得苦。由于工作忙，小孩一岁后就被送到家中让公婆带，直到小孩上了幼儿园大班才被接到深圳，公婆也随之来到了深圳。在一般人看来，公婆带孙子是理所当然的事，但薛女士认为这是公婆帮了他们的大忙，所以她时时处处感恩公婆。如给公公婆婆买喜欢的衣服，还给公公婆婆买所有的内衣内裤和鞋子，几乎所有衣着都是由她一手包办的。另外，还买公公婆婆都喜欢吃的水果，如提子、山竹等等。她知道，“孝”是联系家庭亲情的纽带，她不知道公婆和丈夫对她所做的一切有何评价，只知自己尽量做到最好就行了。

在处理与公婆间关系的时候，以真诚换真心实意，是“姿娘人”的秉性。如家住汕头市的姿娘阿英，老公在外地做生意，家里上有患风湿病的婆婆，下有一个读初中的儿子和一个读小学的女儿，阿英每天要带婆婆去理疗，要接送孩子，辅导孩子做作业，要买菜煮饭等等，有时婆婆腰腿不利索，晚上起夜还要她扶助，每天起早摸黑就是围着家转。但阿英的付出换得了婆婆的疼爱，阿英每次与老公有口角，婆婆都会站在阿英的一边去训斥儿子。媳妇真心待婆婆，婆婆自然心中有数。所以外人不理解，潮汕老人为何待儿媳妇比对自己的女儿还好。汕头大学教授隗芾先生是东北人，来汕头后目睹汕头姿娘的传统美德，写了若干文章褒扬，其中举了汕头市区几个普通家庭的例子，老公公70多岁，老伴先去世了，他下身瘫痪，在床上躺了七年多，儿媳妇每天给他洗澡，就连“私处”也不漏掉，因此躺了七年也不得褥疮。自己的女儿也是人家的媳妇，肯定不能回家来护理他，当然不能

家里的“姿娘人”（翁志雄摄）

做到像儿媳妇一样。另有一个人家的儿媳妇，公公病危时大便干结，儿媳妇每次都用手指一点点地往外抠，这是外地的媳妇不能理解的。所以，潮汕家庭大多和谐幸福，就是因为儿媳妇孝敬老人，娶这样的潮汕姿娘当老婆，一家人的温馨和睦就掌握在“姿娘人”手里。

（二）贤妻良母的“贤”

有人说，潮汕姿娘大多是贤妻良母，“贤”，关键在于“忍一时风平浪静，退一步海阔天高”。女人在家，讲究“温良恭俭让”。潮州姿娘说话，轻声细语，对家里老人小孩说话，更是委婉温存，很少看到有吵架骂人的，即使偶尔街头有吵架的，也像唱潮剧。曾去潮阳乡间采访，同是说潮汕话，但那里的潮阳话口音较潮州浓重，那里的男人说，去潮州时，最喜欢去街头走动，听潮州姿娘“莫声、莫声”说话，愉悦、舒心。即使吵架，也不是恶语相向，只听得“咿咿呀呀”地咬文嚼字，听着也很开心。普通话只有四声，潮汕话却有八个声调，如果不是从小练起，外地人很难说好潮汕话。由此，姿娘说话像唱歌，一点儿也不假。温柔顾家，贤惠善良，不强出头，能充分尊重丈夫作为一家之主的权威地位，这是很多男人找老婆的标准。而大多贤妻良母的这种“贤”，其实都与潮汕传统文化营造的家庭氛围有关。每逢有好事，如新厝落成、搬家、嫁娶、传统佳节，家家都少不了要贴对联，这时候，写对联的先生，就会找遍所有格言写成对联来作为传统文化的传承。还有，从古代流传下来的家训，无论贫富，女孩子从小就被严格的家规训化。新社会新风尚，虽然夜晚有姿娘出门，但总是和家人说去哪里，找什么人，做什么，并说好几点钟回家。结婚后，上奉公婆、相夫教子更是每个姿娘的天职。她们会把男人当做天，自己则做一个点缀的月亮。凡此种种，都说明了绝大多数姿娘对婚姻家庭的重视，同时也是包容的、从一而终的。

然而潮汕女人的这种个性，使她们在碰到家庭问题时都自己顶着，即使丈夫有了外遇，内心痛苦也忍着，她们的观念首先是“家和万事兴”，其次是特别爱面子。她们认为，随意离婚是女人的一种不幸，能凑合着过就凑合，不要害了无辜的孩子，不要辱没了自己娘家的门风，因此不会随便放弃原有的婚姻。所以在潮汕家庭里，女人对稳固家庭起了很大的作用。有一种女人还会为了丈夫的发展前程，为

了自己的情感依托，为了家庭利益义无反顾。如一个已有家室的汕头男人，是政府某部门的公务员，在外面租房养了个小情人，有人告诉他老婆。家里那个姿娘人的第一反应是，先自己带个泼辣的姐妹去查实，然后告诉那个女人说："我丈夫已将事情说清楚了，要多少钱给你，机票给你买好了，今晚就走，我会一直陪你到点上飞机。"回头对那个知道她男人事情的人说："没有这回事，人家只是说着玩的。"最后才是回家关起门来，对丈夫说出一次性给了那女人多少钱，包括对丈夫哭闹威胁，陈述这事影响丈夫前途的利害关系，丈夫觉得理亏不敢吭声。姿娘认为这么没面子的事，打死也不会说出去的。

潮汕姿娘大都精打细算、内外兼顾，如果一对夫妇做生意，几乎所有的账目和进出货都会由姿娘经手。包括一些业务谈判，潮汕姿娘也可以应付。尽管如此，她们也不会张扬自己的功劳，心甘情愿当丈夫背后的"贤内助"，把荣誉让给男人，一般的对外事务也都会由男人处理和决定。然而这样，她的男人偶尔还是会被女色所迷惑，这时候，为了她所爱的男人，她只能忍。有一对把家安在深圳，自己开公司的潮汕夫妻，有一天，姿娘下班后先回家做饭，可是左等右等却不见老公回家，她想老公会不会遇到了什么意外或麻烦了，于是她马上开车到公司。当她像平常一样轻轻地打开老公虚掩的办公室大门时，却看到了意外的一幕：她的一个商场的女客户正坐在老公的腿上！她全身的血几乎凝固了，那种充满温柔与期待的心情如被雷轰一般，可是就在五秒钟的迟疑后，她又轻轻地把门关上，她咬着嘴唇一声不响地回到车里，这才发现咸咸的血和泪都已流到唇上。她想冲回办公室当面痛斥那个负心的男人！可是理智却告诉她不能这样，她擦干眼泪，回到家，若无其事地督促孩子吃饭睡觉后，静静地等待着老公回家。那天老公回到家后，她像什么事都没发生一样，依然笑脸相迎，晚上她对待老公反

旧式梳妆台（澄子摄）

而更加温柔体贴。只是，第二天她马上中断了与那家商场的供货合同，老公很奇怪地问：“这不是你销售得最好的商场吗？”她只说了一句：“你对我来说比那点销售额更重要。”一直以来她也没有对老公说出中断那家商场合同的原因。但是，潮汕姿娘这种无可奈何的忍，她的老公是否知道这是老婆对他的深情，日后知道了可否理解老婆的良苦用心，只有潮汕姿娘自己心里明白。

潮汕姿娘善理家，在现代社会已经不是单纯表现在做家务上了，有经济条件的潮汕家庭也都请了保姆，她们则更多地把时间花在做生意赚钱上。旧时潮汕姿娘为了补充家用，经常去做手工艺挣工钱，有织布、绩麻的，更普遍的是绣花、抽纱、织网等。而现代的潮汕女人则多喜欢开店做生意，都不愿意去打工，但家里的一切费用开支大都由她们一手安排，给老人添置衣服、小孩的教育费、丈夫的烟茶酒水费等等，她们都会安排得合理周到。她们总喜欢站在男人的背后默默地管理着这个家的里里外外。

不记得哪个人说过，却一直深刻记住的一段话：一张潮汕女人的脸，是一幅写意的水墨画，上面虚虚实实洇渍着的，是家庭、丈夫、孩子，是责任、道德、名声。潮汕女人的脸，甚至只有一张，而且是平面的。这张大而无谓的脸，因为上面没有表情，所以老也记不住，这张脸，只要分散一下注意力，就会像烟一样慢慢地散去了，分成一丝一缕的规矩与准则，隐没在大街小巷的背后，任你怎么端详，也是看不清。

潮汕姿娘的“贤”和对待婚姻的态度，究竟是精还是傻？有人还质疑这些在传统中宿命地活着的她们，是不是生存的一种真相？仁者见仁，智者见智，不一而论。但无论如何，一个家庭婚姻的稳固，是对中国传统文化中家庭伦理道德的传承，同时也对社会安定和谐起到不可估量的作用。

（三）姿娘“脚桶箍”

潮汕人认为，姿娘是每一个家庭的“脚桶箍”。

上世纪70年代末，那时没有浴房厕所，洗澡和大小便都在房间里。脚桶就是昔时潮汕人专用于洗澡和洗衣服的宽面木桶，直径80厘米左右，高30厘米左右，一般家庭都有两只脚桶，一只供男人及小孩洗澡和洗衣服，一只专供女人洗澡和洗衣服。而“脚桶箍”就是用三根铁线拧成股，上下箍住有些微弧度的木板，使其成为一个圆型脚桶。木板有十片左右，有些人家还为了美观耐用，漆上棕色油漆。潮汕人用“脚桶箍”形容姿娘，既亲切又容易理解。言下之意，家中的每一个人就是那每一片木板，只有用姿娘的这个“脚桶箍”箍住，那每一个人合在一起才是一个圆满的家。这种比喻既形象又通俗易懂，长年生活在潮汕的人一点即通。另外，脚桶是每天必用之物，姿娘人在家的重要性可想而知。

潮汕姿娘（张伟民摄）

家，一直以来在潮汕人心目中是最重要的，潮汕人的家庭中，夫妻双方，男人是家中的顶梁柱，养家是他义不容辞的责任，所以，家中的男人常年在外，使尽浑身解数辛苦打拼赚钱。家中的女人呢，最重要的任务是家务劳动，买菜、煮饭、洗衣、家庭卫生、关心孩子读书情况、侍候老人起居饮食。现在城市的姿娘还要加上接送孩子上学放学，至于姿娘是否上班、能赚多少钱倒是无关紧要的，这是大多数潮汕男人的想法。特别是在乡镇，时年八节拜祖宗、拜老爷、拜妈祖等多如牛毛的大小事，为家、为老公、为家族、为子孙后代每天奔忙，这就是所谓的相夫教子。

先从家务事说起。买菜、煮饭在潮汕人家庭生活中是很重要的事情。潮汕的农贸市场多，每天早晨六点多钟，菜市场已摩肩接踵，鸡鸭鹅肉鱼菜应有尽有，姿娘一早就提着菜篮去采购，主要是买菜买肉；而每到下午三四点钟，渔船靠港，活鱼鲜虾一筐筐地抬上来，水灵灵亮闪闪地摆上摊位，看着都养眼。姿娘在去接孩子回家的路上，又顺便挑上海鱼、蟹、虾等海鲜，回家用清水一蒸，一天的生活就有了色香味。为了吃上新鲜的肉菜和鲜美的海鲜，有的姿娘一天要去两次菜市场，早上是肉菜，黄昏是海鲜，很多普通人家都是这样。有时候老公打电话说正在回家的路上，姿娘马上转身去菜市场买了卤鹅、海鲜，办一桌好菜，等在外走南闯北打拼即将回家的男人，脸上掩饰不住内心的喜悦。潮汕姿娘过着的，是一种最像女人的日子，细碎是细碎一些，可是一马平川，从一天的生活，就能看到这一生一世。

澄海的阿妹30多岁，老公前几年去东莞办工厂，扔下父母和一对儿女给阿妹照料。阿妹原来在服装厂做车工，起早贪黑计件赶工，每个月也就一千元。老公外出创业，要求她别去服装厂做工了，好好在家照料老人孩子，阿妹二话没说就回到家里。家务事每天总也干不完。她家住的是一幢两层小楼，早晨买好菜回来，公公婆婆去公园锻炼身体，她就收拾所有房间、卫生间，清洁房前屋后，接着就把刚买来的一束鲜花供在佛前，点香、拜佛。再去收拾买回来的菜，弄好了正好煮午饭，等公公婆婆回来以及孩子放学回家吃饭。下午孩子上学，她便在家里做些钩通花的手工。晚饭后要督促两个孩子做作业，这是一项重要任务。老人孩子去睡了，她就开始洗一家老小的衣服。另外，每年春夏秋冬季节的被褥更换，浆洗每个人的毛衣、衣裤，更换、收放所有的衣物等等。每天看似琐碎的杂事，干了一天也看不到什么，但为了家庭，为了使在外打拼的男人放心，阿妹与潮汕每个家庭的姿娘一样，为了家人往往到了忘我的境界，一味的奉献使她们没有了自我。虽然阿妹是属于20世纪70年代末以后出生的姿娘，思想上已经接受了一些新潮和开放的东西，如喜欢听音乐、唱新歌、买时髦衣服，但骨子里她还是受到了传统的影响。她每天所做的事情，是以前她婆婆和她妈妈也经常做的，有时她感觉自己好像是几十岁的老妈子了，但每天的家务事摆在眼前，让公公婆婆享受幸福晚年，让孩子读好书，不受委屈，这些都是她应该做的事情，阿妹无怨无悔。当然，公公婆婆除了锻炼身体以外，也会做些摘菜，扫地，晾、收衣物等轻微的家务。如果碰上老人生病或腿脚患了毛病，她还要带老人去看医生，有时忙不过来，就把老公的弟妹叫来帮忙。有时候儿子和同学打架，老师要求父母去学校，每次只好由阿妹一人前往学校，老师说："怎么都是你来，下次叫孩子的爸爸来。"阿妹点点头，到了下次，还是阿妹自己去。她的老公大概每月会回来几天，如果有些处理不了的事，她也会要求老公回来。老公每次回来，她就天天给老公加菜、煲汤。但是老公居然连孩子上几年级都不知道，而孩子每次考试成绩如何，或孩子每次淘气的事，阿妹作为母亲，都会了解得一清二楚，事情也都能得到妥善的处理。老公认为，阿妹能这样做就很好了，特别是一

直以来都和老人和睦相处，老人满意，孩子高兴，他不必把精力放在家里，能放手去做很多其他的事，因此，每次回家，都给阿妹买很多漂亮的衣服和首饰。

潮汕农家小巷（澄子摄）

有趣的是大男子主义和强烈的责任感体现在像阿妹老公这样的潮汕男人身上，他们知道心疼老婆，无微不至地呵护老婆。而当潮汕男人被外地女子活泼开朗的性格所吸引，被她们妩媚的姿容所倾倒时，如果叫他们弃潮妻而娶外地女人，许多人是不愿意的。潮汕男人也是知好歹的，不管他在外面怎么花天酒地，回到家，他还是老公，老婆还是老婆，孩子还是一样疼着、宠着。如果一个男人，因为贪恋外面的美色而做出抛妻弃子的事，那就会在当地引起公愤，谁见着都不齿，以后很难在四亲六戚面前抬得起头。正如潮州菜，认为好吃的人多半会围绕在是否鲜美、清淡、讲究精细配料、合不合胃口等方面。对于喜欢潮州菜的人来说，潮州菜就是上苍专门为他们的胃口调制出来的精品，而娶潮汕姿娘当老婆，就是潮汕人家庭生活中最重要的"脚桶箍"。他们始终知道只有潮汕姿娘才是最适合他们的，他们需要有人依赖他们，有人崇拜他们，潮汕姿娘正是他们所需求的。所以，像阿妹这样的潮汕男人的老婆，在潮汕大地比比皆是，而像阿妹老公这样知道阿妹的无私奉献的男人也并不少，因此，阿妹再苦再累也心甘情愿，为了这个家，她愿意做一辈子的"脚桶箍"。

（四）新旧观念撞击

潮汕姿娘一贯崇尚养儿防老，这也是潮汕人的一种传统。如果

“姿娘人”实在生不到男丁，就想方设法去领养，反正家中不可无男。在潮汕还有一种传统，那就是女儿一般不负养父母的责任，如果没有男孩，让女儿养老则难免被人看不起。但现在观念改变了很多，在外地城市做事的潮汕人大部分正在被当地同化，认为现在不一定要生男孩，生太多孩子一是培养的成本太高；二是普遍热衷于提高生活质量，不愿为太多的儿女所累；三是现在人在他乡，不用拘泥于过去的老传统，参与过去家乡宗派势力的斗争，即使都生女孩，也没什么丢人的，不用去家乡祠堂数人丁。

女人守家主内，不一定帮丈夫做事，一生的事业主要是照顾丈夫和养育孩子，而且代代相沿。一强一弱更显示出男女的差距。姿娘能否养育出挣大钱创大业的儿子，也被人看成是否有福分。因此姿娘对自己小孩的教育，也一代一代地灌输这种观念，要他们将来成为一位能挣大钱的人。据说曾经在潮汕的一个乡村，有一位读北京名牌大学的学生，毕业后留在北京搞核工业，因老母病危，他回家见母亲最后一面，但因穷困，无法在物质上帮上大忙，竟成为乡人的笑谈。可见，知识分子没钱也没有办法做大事，到头来还是被人看轻，没有人重视他们在其他领域的贡献。据了解，潮汕现在不少地方，辍学的儿童比例非常高，对一些偏远山村而言，只读到小学就不肯再读书而想着到外面去打工的大有人在，读到初中、高中的已是凤毛麟角，能读大学的简直寥若晨星，情况比十年前更差。为什么呢？这种长期以来形成的观念，让很多人做事喜欢急功近利。再就是读高中、读大学的费用日益增加，很多家庭不堪重负，使读书无用这种思潮严重影响了下一代。

井边洗衣的姿娘（翁志雄摄）

现在潮汕的确有不少“姿娘人”在家守望，用绣花的手种田、种菜、种果树。很多女性从小缺少受教育的机会，连人格独立或经济独立的能力都没有，当然更没什么地位可谈。一旦离开丈夫，她们如何生存，故一般都能忍辱负重、逆来顺受。而有一些新时代的潮汕姿娘却有着不一样的观念，就是通过拼命读书改变自己的命运。有个潮汕女孩，家里有她和弟弟两个孩子。他爸爸对她说："以后家里的产业一定是由你弟弟来继承。所以弟弟读书成绩好不好无所谓，等他长大了，老爸会把自己的'生意经'传授给他。"在潮汕农村男人眼中，"生意经"当然比学校里的知识重要得多。至于她，爸爸对她说："你就一定要好好读书，至少要念到大学，如果考不上大学，花多少钱老爸也要让你上大学。因为你没有产业可继承，所以只有高学历，才可以增加你未来幸福的筹码。"姿娘仔知道爸爸是真心对她好，于是发奋读书，考上了大学本科，最终如愿以偿。

家有喜事（翁志雄摄）

现在还有一些80后的潮汕姿娘观念在改变。以前有媒体开展过几场关于潮汕女人观念能否改变的讨论，有的潮汕姿娘认为，干得好不如嫁得好；有人则认为，两者都重要。随着时间的推移，不少人认为，既需要有一定的事业，也要找到一个好的伴侣，两者不分孰轻孰重。以前不少人认为老公收入颇丰，自己就可以放弃工作，现在几乎所有潮汕姿娘都对这个问题说"不"。因为工作对于她们来说，绝不仅仅是为了收入，而是一种实现自我价值的方式，一种参与社会的途径。在是否应避免在社会地位上超过老公这个问题上，多数人认为无须刻意回避，两个人的社会地位并不是一成不变的，彼此互相超越很正常。关于没有孩子的女人不是完整的女人的这种说法，很多正值生育年龄的潮汕姿娘认为，只有经历了生育的痛苦，女人才能更深切地、更自觉地承担家庭和社会的责任，生命才算圆满。其实，80后的大部分潮汕姿娘是在潮汕传统文化熏陶中成长的，家里的长辈从女孩很小时就要求她们要内秀、文静、勤做家务。传统观念的影响和社会观念代代流传在她们身上，使她们个性内敛、温厚而单纯。

就目前社会现状来看，无论是城镇还是乡村，大部分潮汕姿娘，是在传统文化熏陶中成长的，潮汕人家庭对姿娘仔严格要求，除了家庭教育外，整个社会氛围都如此，"三从四德"、"嫁鸡随鸡，嫁狗随狗”的观念代代相传，这种影响根深蒂固，使她们个性内敛、温厚而单纯。在她们身上，也经常有新旧传统观念的撞击，有心灵深处激烈的冲突，有为了顾全丈夫的利益和面子去和“小三”抗争，保全家庭完整的。有为了照顾家中老人和孩子放弃自己的工作，成全丈夫事业的。当然，类似后面的这种情况是极个别的现象，改革开放让潮汕老百姓靠勤劳致富之后，同时也摒弃了这种落后的封建意识，大多数姿娘们已经觉醒，懂得自尊自重。面对新时代，潮汕姿娘比任何时候都显得轻松愉快，绝大多数原来的家庭妇女已经走向社会，用自己的智慧和独立意识参与创业，参与各种竞争，与此同时也兼顾安排好家庭生活，在继承、弘扬传统优秀文化的同时，不断与时俱进。特别是姿娘仔对于自己的恋爱婚姻家庭更是非常慎重，说最好是“在对的时间，找到对上眼的人才能谈恋爱结婚”，结婚后“实在是不得已才提出离婚”，还有关于怎样维护家庭和谐的种种优良传统做法，无论是“贤”或是“脚桶箍”，“家和万事兴”最好，在绝大多数姿娘的努力下，至今潮汕地区的离婚率远低于全国其他同等城乡。

潮汕符号（陈新瑜摄）

六、时年八节，拜神祭祖尽显身手

身在潮汕，就会知道每年的节日特别多，时年八节，就是一年中必须拜神祭祖的重要节日，当然，还有更多算不上节日的家祭和应时的拜神拜佛活动，都必然是姿娘的责任所在。由此很多人家的家庭主妇虽然没有参加社会工作，但她所要担负的责任并不比那些参加社会工作的人少，只是工作性质不同而已，有时还要繁忙许多。这是古往今来潮汕姿娘与其他地方女性不一样的特别之处，之所以特别，就是她们心甘情愿为家庭作出奉献，悠悠万事，孝为先，拜神祭祖及许多的应时拜神拜佛活动，也显示出姿娘孝为先的品德。拜神祭祖是其中最重要的孝心，再就是心里牵挂着家人的健康平安，牵挂远在海外亲人的健康平安，拜妈祖和拜神拜佛活动便成为姿娘们生活中的重要事情，千百年来延续至今，这种习惯依然如故。

（一）祭拜祖先惯例

潮汕姿娘很注重礼节，也很重视供奉夫家的祖先和自己所信仰的宗教。著名潮籍画家林墉曾写文章描述过母亲早年在潮州家中操持置办年节的前后过程，还有对亲朋好友的迎来送往，母亲身上传统“潮汕姿娘”特有的细腻、精致的生活态度，及女人温良恭俭让的言行举止，点点滴滴的细节，必要进行的礼节程序，无不体现出母亲聪明、智慧、贤淑、温情的处事方式，让人久久不能忘怀……

潮汕人讲的“时年八节”是指春节、元宵、清明、端午、七月十五、中秋、冬至和除夕八个重要的节日。这八个节日必须遵循的惯例首先是祭拜祖先，再就是拜神之类的。而且不同的节日有不同的活动。由于节日的起源与岁时节令有关，节日的起源又与原始崇拜和与之相关的祭祀活动、禁忌行为有关，岁时节令和原始崇拜相结合，潮汕姿娘便以虔诚的心去应对每一次的繁忙。她们从来没有怨言，她们深信祖先是真的有灵，而且确信“举头三尺有神明”，在拜祭的过程中，如果偶尔看到飞过一只蝴蝶，她们会很惊喜地悄声说：“哇，快看，是祖宗来收祭品了。”

祭拜祖先（翁志雄摄）

在所有的繁忙中，做各种各样的粿品可以说是姿娘的重头戏，如糯米甜粿、鼠曲粿、红桃粿、菜头粿、荷兰薯粿等等。以前潮汕大多数人不喜欢吃面食，可是遇到时年八节祭拜活动，各家的姿娘们都绞尽脑汁，用面粉做出各种大发粿、面人、寿桃。特别是在农家，姿娘们将家中珍藏的不同花样的“粿模”拿出来，在家中小院的树下，叔伯婶姆互相配合，互通有无，做出各种各样与众不同花样翻新的粿，到了规定的时辰，在供桌上一摆，与乡村百十张供桌上的祭品互相衬托，洋洋大观。在做这类粿品之前，首先要储备各种优质材料，如水磨米粉（早时还要自己动手推磨）、优质米粉和面粉、海鲜干货、花生及各种配料等等，还要储备相当数量的用竹篾编成的簸箕，可分类盛放粿品；其次要准备家禽、猪、大鱼等三牲，也是个力气活，虽说经常有家人参与帮忙，但也要由家中姿娘具体指导、操持；再就是节日的当天怎样按程序祭拜祖先或是拜神，如什么时间、什么地点、什么人物上场，谁上的第一炷香都有讲究，一般情况下都是由主事的姿娘说话。

可以说，在这八个重要的节日中，除夕、春节正月初一连在一起的这两个节日，是八个节日中的重头戏。一年到头，盼的就是一个吉字，图的就是来年万事大吉、平平安安、顺顺利利，这就是平民百姓

春节前两天做的红桃粿（翁志雄摄）

的祈望。因此，除夕之前的一个月左右，家中的姿娘们便忙碌地开始准备过年了：洗洗刷刷，添置新衣，新购家具、器皿，选购年画、春联等。尤其要张罗备办各式年货：买些香菇、木耳、腐竹、干鲜海产品等。还要适当买一些柑橘、青橄榄、油甘等象征吉祥如意的佳果，以及优质糖果、饼食等放在果盘里，供来家中拜年的客人配茶食用。“文革”前后有一段时间过春节或过中秋节之前，汕头人还特别喜欢炸油粿。在寒风凛冽的夜晚，一家人坐在一起，围着一个小火炉，兄弟姐妹中有的用面粉包住甜馅，再掐出半圈花边放到油锅里，有的用筷子把炸好的油粿捞出来放到盘里，热气腾腾的，尽享天伦，不亦乐乎。

农历腊月二十四日起，家家户户的姿娘一定要对所有家中的房子进行彻底清洗，用物和日用品也都要清洗，谓之“采囤”，这是当地从古至今流传下来的礼俗，意在除旧迎新。主事的姿娘同时在这一天要“送神”上天汇报，即拜神。除夕这天中午，所有的人都要祭拜先祖，用的祭品主要是三牲和一些粿品之类，一家男女老少都会在这天之前理发沐浴，换上新衣，然后才能拜祭祖宗。

小时候有一段时间住在外婆家，目睹春节前那一个月左右的时间，外婆忙得不可开交的日子。外婆家住在潮州市南门的三山巷，那是一座三进的大院，里面住着族亲。进了院门的右边有一间专门供族亲们祭祀祖先的大房子，门口有两株两人才能合抱的龙眼树。时年八节，家家户户就轮番

除夕早晨（翁志雄摄）

在进门右边专供祭祀祖先的大房子里祭拜。我还依稀记得看过神龛上摆放着祖先的牌位，那时认字不多，祖宗的名字看不懂。除夕之前的近一个月，外婆就开始张罗着买各种年货，那时她50岁左右，肩背手提，进进出出都很轻巧。如做“菜头粿”（萝卜糕）必须提前买白萝卜，她一次就提了十多斤、二十多斤的，中午回到家，舅舅和姨姨都来帮忙，洗净后刨成细丝，一抓就出水，再和上筛过的精细米粉，加上虾仁、炒过的花生、肉片、香菇、香腐条、芹菜末等，到晚上就可以蒸出一“龙乘”菜头粿。临近除夕的前几天，要做很多粿品，先是做糯米甜粿，接着是做鼠曲粿、红桃粿。做红桃粿时我帮过忙，用软乎乎的米粉团包馅，捏成上尖下圆后按在粿印上，在桌上一敲，红桃粿就成形了，很有成就感。其实“菜头粿”是所有粿品中最后才做的。除夕这天临近中午，祭祖之前，还要把整个家的地板洗一遍，虽说此前已经“采囤”，有了对所有屋子都清洗的礼俗，但大年初一这天是不能洗衣洗地板及洗家里所有的东西的，说是会洗掉了喜庆和吉祥，因此家家户户的地板这天更会洗得干干净净、一尘不染。然后就是换新春联，俗称“易桃符”，开始祭拜公祖。外婆把三牲以及煎煮炒炸好的食物端到这里，外公及在家的舅舅们就依次进来拜祭。当大人们忙着祭拜祖先时，族亲里面的孩子们就忙着捉迷藏、点炮仗。

下午时分，主要就是忙着除夕年夜饭“围炉”了，潮汕人很注重年夜饭，很多外出工作的人，会在节前几天赶回家，最迟也是在除夕吃年夜饭之前赶来围炉。著名画家林墉写过：“父亲长年离家在汕头画抽纱花稿，逢年过节才能回家，有时也是在除夕吃年夜饭之前赶来围炉的。”在中国物质生活匮乏的年代，年夜饭“围炉”的佳肴，也许是一年之中最好的，多是平时舍不得吃的东西，这时候都会通通摆放在餐桌上。吃过年夜饭，全家人会聚在一起守岁。这时，晚辈要向长辈贺新年，说祝福的好话，长辈则要给小孩子压岁钱。年事已高的公公嬷嬷或太公太嬷的长者，也会收到会赚钱的子孙的压岁钱，这种习俗叫做“压腰”。到了晚上，潮阳、海门一带的人会把炉灶洗得干干净净，还会尽量弄得很空，之后在灶台上放一盏灯和用面粿做成的龟样的粿（龟粿）。那里的风俗认为，到了半夜“老爷”会来摸米桶，有来年平安的预兆。之后，家庭主妇就会在米桶、“新面公”等几个地方放上一个红盘，红盘上放有四个柑和龟粿，盘底还放有几十块钱，

这种做法俗称“压灶”，盘底的钱就叫做压灶钱，有来年平安、大发利是的说法。过年夜守岁之俗十分普遍，潮汕地区无论城市乡村，各家各户守候至零点新春来临，新年钟声敲响，家家户户鞭炮齐鸣。不少舞狮班及秧歌队敲锣打鼓到各村各户参拜贺年，主人燃放鞭炮。还有手摇万年青叶（俗称摇钱树）或手执书有“招财进宝”等吉利词句的小红纸贴在人家门上的；或是趁着热闹讨点赏钱的苦力人，多在这时候出点力干点力气活多赚点小钱。

（二）拜年大橘橄榄

春节的正月初一，也称元日，为新岁之首，春天之始。这天姿娘们都会起个大早，先拜门神，插香，然后用大碗汤圆和大橘祭祖。有的人家还加上用斋菜，主要是花生、豆干、腐竹、蘑菇、炸豆粉加上汤圆等，一般这些汤圆就拿来当做全家人的早餐，为了平安每个人都要喝。这一天，大多数家中的长辈都要吃斋，为的是给子孙祈求平安。有的平时初一、十五也吃斋，就顺其自然地吃斋了。当然还有一些人到了初二要再次用荤菜祭祖，但是比较少。拜祭祖宗后，这时天方拂晓，喜炮声声，家家户户厅中大桌上，红盘盛满大橘（谐音为吉）、青橄榄及各式精美糖果，门前张灯结彩，晚辈向长辈敬茶祝福。

大橘

潮州橄榄（晓秋摄）

那时没有电话，初一这一天的主要活动还是走访长辈亲戚，给亲朋好友拜年。记得当年还是小孩子的时候，最喜欢过年的感觉，大年初一吃完早餐后，和弟妹们穿着新衣新鞋，提着装满大橘及糖果的袋子，跟着父母亲浩浩荡荡地上外婆家拜年，最高兴的是收到利是，其次是可以与大院里的孩子们一起放鞭炮。记得在外婆族亲中，最老辈的姿娘是一位90岁的太祖婶，她家是一个四世同堂的大家，而她是大家族中最受尊敬的人。她的家里是最热闹的，可以看到许多平时少见的亲朋们前来拜年，可以听到平时少听到的主客互致新年如意、恭喜发财、添福添丁等吉利话；她的儿孙们请客人以大橘、槟榔（青橄榄），共品功夫茶，客人赠上“大橘”（大吉之意）贺主人吉祥如意，主人以“大橘”回赠，俗谓转敬或换吉，意在回敬美好祝愿。像这样的互换柑橘拜年，那时每家每户大概都一样，自从国内实行改革开放政策之后，电话普及了，一般的同辈好友只需一个电话三言两语就算拜了年（除非是给诸如上述亲戚中的老辈人拜年就必定要登门拜访），同时也改变了过去拜年临走之前要与亲友“换橘”的习惯。但对于亲戚中的老辈，还是要有所表示，如当时看到太祖婶的亲戚们带礼品带利是给太祖婶，祝老人新年健康长寿，太祖婶口含橄榄乐得合不拢嘴的场景，至今令我难忘。每当想起此情此景，我就暗自想要是能像她一样活到90岁且能吃上橄榄就好了。平时大多数潮汕姿娘都喜欢吃橄榄，说起橄榄，谁都会口齿生香，更何况是在春节，就更是橄榄不离口，其习惯犹如海南女人之吃槟榔。拿一颗放进嘴里，起先是青涩的，继而是甘香入喉，余味无穷。品种不同的橄榄，价格自然不同，从十几元到几十元百多元不等，尤其是潮阳的“三凌橄榄”为最上品，每斤从原来十多年前的三百多元到如今的上千元。其实潮汕姿娘之品橄榄也如品味人生，先品青涩，再品甘香，余韵无穷，这是其他地方不吃橄榄的女人所难以体味的。

树上成串的橄榄

正月初七这天，潮汕姿娘最看重的是买七样菜来煮“七样羹”。其实，潮汕人吃七样羹的风俗习惯由来已久，最早可上溯到晋朝，晋议郎董勋《答问礼俗》中写道，“正月一日为鸡、二日为狗、三日为猪、四日为羊、五日为牛、六日为马、七日为人”，人日也称“人胜节”。“人日”吃“七样羹”取个好意头。民间歌谣这么唱：“七样羹，七样羹，大人吃了变后生，奴仔吃了变红芽（面色红润），姿娘仔吃了像抛（朵）花。”经过潮汕地区城乡民间口口相传，每逢这天，人们将大菜、韭菜、厚合菜、芹菜、蒜、葱、芫荽这七样菜混合在一起煮食，各有象征意义。据说，大菜（芥菜）是“发大财”，韭菜象征“长长久久”，厚合菜指百事合意，芹菜谐音勤快，蒜顾名思义是精明，葱象征聪慧，芫荽寓意有缘遇……这些象征意义除了可以在节日中图个吉利，也是有一定科学根据的。此时，春气生，天寒渐暖，菜蔬逐渐多起来，食了七样羹，能使肠胃适应季节转变。

清洗春盛（翁志雄摄）

时年八节的忙碌（翁志雄摄）

早年新春期间潮汕还有一些民俗是专给潮汕姿娘脸面的，让一年到头为了家庭辛苦操劳的姿娘能得到精神上的犒赏：如掼春（木盛），这是潮汕春节期间一个极具特色的民俗活动。春（木盛）是一种分成三四层的、有盖的竹编礼篮，通常是成对使用，所以也叫“担春（木盛）”。大年初一，娘家要给新出嫁的女儿送礼，这些总是要装在一对大春（木盛）中，由出嫁姿娘的兄弟也就是舅子挑着送去，有的是几个舅子一起来，除了“担春（木盛）”，同时还提着红漆食盒、花篮，贴着大红剪纸。亲家要杀鸡宰鹅，热情款待，潮汕俗语称此为“阿舅来，掠鸡刣”。媳妇娘家舅子送来的礼物中，大橘自是必不可少，还得有数十节甘蔗，取意祝愿嫁过来的媳妇生活节节攀高。礼物的丰俭程度由娘家的经济情况决定，一般刚出嫁的姿娘礼物要备得丰盛一点，不然会被亲家看不起；而出嫁已久，甚至是当了婆婆的姿娘，就不那么讲究了。亲家收到这些东西，便分送给亲戚邻里，这也是潮汕春节习俗中的一大特色。因为各家各户都有媳妇，于是，各家各户都在鞭炮声中忙着分派礼物，潮汕人亲邻睦里的风尚由此可见一斑。媳妇娘家的兄弟被称“阿舅”或“舅子”，来后均享受厚待。

（三）元宵夜看新娘

农历正月十五称“上元”，也叫“元宵节”。潮汕姿娘的忙碌，只有过完正月十五才算告一段落。历来正月十五闹元宵，意义在于是新年的第一个节日，也意味着一年之计在于春，春天的来临，万物复苏，花好月圆。因此，这个节日到处张灯结彩，热热闹闹。潮汕人大都看过潮剧《陈三五娘》（《荔镜记》）或电影版的了，该剧梗概正是元宵夜看花灯之后引发的爱情故事，开幕出场即唱的“一轮明月照高空，万般花灯照眼红，街上游人如潮涌，鱼灯队队赛游龙，一年一度元宵夜，敲锣打鼓闹春风”把人们引入主题，特别是电影更把潮州城元宵夜万人空巷争看彩灯的场景拍得重叠交辉、多彩多姿。

《陈三五娘》这个潮汕人最爱看的才子佳人爱情故事，使几个朝代的潮汕姿娘为之倾倒，剧中的才子佳人元宵之夜因看花灯一见钟情，再加上奴婢益春的推波助澜，更使元宵之夜看灯寻良缘成为一种吉祥美好的民俗。经过益春的口说出的：“阿娘你听我说：俺转入察院衙，直落下东街，走向开元前，转入西街。看看七丛松，再到清水宫，游赏蓬莱景，出了大街我做引路师，包括各社花灯都能看。”可见，元宵夜潮州城的大街小巷异常热闹。由于潮剧对于那些上了年纪的潮汕姿娘来说，是青春岁月一个缠绵绮丽的梦，也可以说是风烛残年仍痴恋不已的一个情人。而对于年轻的姿娘来说，则是一种美的启蒙。如透过五娘与益春一起看花灯，从灯屏中，很多潮汕姿娘仔知道了《西厢记》中的张生与崔莺莺，刘翠屏彩楼抛绣球，祝英台与梁山伯生前不能结为夫妻，死后化作双飞蝴蝶，至情至性千古流传。潮汕姿娘仔也记住了爱情的美好，并勇于为爱情、为家庭作出牺牲。其实潮汕各地元宵夜都举办灯会，不止在潮州，揭阳也展示了各式各样制作精巧、造型逼真的花灯，如走马灯、莲花灯、鲤鱼灯、宫灯等中型花灯，也有彩塑人物、描述故事的大型屏灯。这一夜，彩灯交相辉映，鲜花争妍斗艳，大街小巷流光溢彩，游人川流不息，笑语欢声，通宵达旦。农村不少地方尚有游神、游灯、放花炮、跳火堆、送瘟神、看新娘等习俗，使潮汕各地的姿娘在看灯中受到美的熏陶和感受到节日的欢乐。

其实元宵夜看新娘习俗，还包括在潮汕各地“新娘落祠堂”的传统习俗。凡是乡中去年完婚的新娘，翌年正月十五夜要到宗族祠堂内观灯，家道富有的新娘事前要化妆，身着红色大衣，下围长裙，头戴凤冠，珠帘垂面；普通人家的新娘，头戴“文明帽”（一种用羽绒包扎铅线制成花环珠翠，围于额头上，用两丈多长的粉红色绸缎，中间扎成大花，缚于头鬓而成），身着红色旗袍，红粉绸带从两鬓下垂至脚，窈窕伉俪，宛若仙姬。然后新娘由伴娘（一至二人）陪护到祠堂观灯。祠堂里面，灯烛辉煌，人们熙熙攘攘，争相观灯看新娘。新娘来到祠堂时，先由伴娘点燃三炷香，让新娘点香跪拜祖宗，乞求明年得子。拜完祖宗，伴娘偕新娘绕堂一周，逐屏观灯。尔后，新娘步出祠堂，婷立于祠阶看戏，实则让人观赏。这时，宗祠内外，人们蜂拥围观，青年男子尤为雀跃，你推我挤，巴不得挤到新娘面前，独饱眼福。若新娘长得标致，争相观看的场面更为热闹，是时新娘身边的伴娘就要全神贯注，紧紧监护着新娘，严防个别人动脚动手。若有人当众侮辱新娘，伴娘即进行干预，重者扭送乡中父老处理。新娘看灯看戏仅是一种形式，时间一般不是很长，旋即由伴娘护送归家。这一传统习俗，潮汕人习惯上称之为“新娘落祠堂”。

姿娘仔“营花灯”（翁志雄摄）

元宵看花灯（翁志雄摄）

（四）赛大猪“营老爷”

潮汕姿娘还有一件值得炫耀的大事：潮汕各地每年都有各式各样

的“赛大猪”民间习俗。这些大猪大都是姿娘们和家人从去年开春便开始饲养的，为了它们多长膘少生病，能长得最大最壮，姿娘们在饲养过程中十分精心周到，比养什么家禽都要用心。但参与比赛都以各家姓氏出场，被决出参与“赛大猪”的那一家多是以家中男人的名字出现，此后若是中奖，这一家人便成了这一年村里最光荣的传颂对象，直到来年赛出新的大猪才被代替。

潮汕姿娘们热心参加每年的“赛大猪”现场活动，还在于民间“赛大猪”习俗有庆丰年，祈求五谷丰登、六畜兴旺的意义。潮汕各地每年“赛大猪”较大型的如：汕头市澄海冠垄每年农历正月十八，由各个姓氏轮流主持举行的“赛大猪”，其仪式之隆重，场面之壮观实为罕见，加之“赛大猪”的方式有促进生产、繁荣经济的作用，遂成为远近闻名的一大盛事。当天天还没亮，乡里的养猪能手就把自家养的大猪送到这里参赛，只见密密麻麻500多头开膛去腹的大肥猪，背上贴着剪纸花样，它们各趴在一个个有一米多高特制的木架上，朝向同一个方向，这些被当做供品的大肥猪高昂着头，张口，嘴里塞着大橘，做奔跃状，雄赳赳，气昂昂，呈现出一派喜气洋洋的场面。冠山赛大猪，可以说是毛与血的祭礼。几百头大猪，还有几头肥羊，刚刚屠宰，身上的毛都刮光了，却无一例外，头部留一撮鬃毛，尾巴上也有一绺毛。此外，整头猪的内脏，包括猪血，都煮熟了，用一个大盆装起来祭祀。这是因内脏易腐化，不宜摆放两天而特别处理的。潮汕女人对这种毛与血的祭礼毕恭毕敬。现场的姿娘们穿梭其间，一边拿眼瞟一下邻家的猪可有大过自家的，一边与其他的姿娘们谈笑风生，心里都希望当年是自家的猪最大。

赛大猪（翁志雄摄）

清明、端午、七月十五、冬节等节日，多是集中表达对去世亲人的纪念，同时寄托哀

“营老爷”队伍中的姿娘仔（翁志雄摄）

“营老爷”场面（翁志雄摄）

思，表达悼念之情。故姿娘们是最忙碌的。清明是正月初一、元宵之后，大家庭的再次大团聚，所有在外工作的男人都要记住回家为祖先上坟，尤其是家中父母哪一位先走的，作为儿子更要记挂心头，潮汕人也称“过纸”或“跪纸”。这前后几天家中的姿娘们就要做“朴枳粿”，朴枳粿和酵粿是属于同一类型的粿类，所不同的是做粿时在用的粳米粉中加入已捣成汁的朴枳树叶，做出来的粿色青翠，具有一股芳香的朴枳树叶味。朴枳树的树叶呈尖尖的椭圆形，开出茸茸的小花，像圆珠形的小果实味甘可食。过去很多男孩自制朴枳枪，拉开木栓可以塞进一个圆珠形的朴枳树籽，手一扬就可玩打仗的游戏。每年清明前一个星期左右，姿娘们就会叫家中的男人，到山上去采摘朴枳树刚发的青翠嫩芽回来赶制朴枳粿，以供祭拜先人之用。所以在这个时候，家中男人帮忙采摘朴枳树叶、捣汁，在一定程度上减轻了家中姿娘的负担。但如果男人外出做生意或去“过番”，就叫家里的男孩或邻家的小叔去采也可以，姿娘这时候张口喊人，很快就会有人过来帮忙。也有人买一些爱吃的新鲜饼食去上坟，这是随着时代的发展变化而变化的。姿娘在这天千叮咛万嘱咐，要带上油漆油笔等物品以及必用工具。在祭拜的时候，儿孙们就会先油漆坟碑上的旧字迹，然后在坟的附近压纸钱，一张白一张黄相配，同时压上石头以防风吹走，然后才可以祭拜。

端午，潮汕称“五月节”。这个节日主要以赛龙舟和吃粽子为主。但潮汕历来是不让姿娘参与划龙舟的，说是不吉利，因此姿娘也没有异议，不划就不划，只要能去赛龙舟现场助威就可以，再把鼠曲粿粽子做多些，让参加比赛的男人们吃得饱，有气力划船，等待自家男人拿奖就是了。我曾亲历目睹过一次在汕头市郊沟南许地的赛龙舟活动，该乡的姿娘们全部围在他们的男人周围。开始比赛了，看到整齐划一的桨，力与美在竞渡中体现出来，强势终将压倒弱势一方，姿娘们就使劲鼓掌，直到手都拍红了。在后溪，整个村分成几个户比赛龙舟，鼓声开始响起，男人们便如离弦的箭飞出去争夺锦旗，对他们来说，获得锦旗多的会赢得很多钱，还会在来年有好运，所以姿娘们就更加使劲鼓掌助阵，有的还把吃的东西递到男人的口中。

七月十五称“蚀孤节”，也叫“孤鬼节”，除了家中祭祀祖先外，大多数人重视的是祭鬼、做善事，让他们能够超生，脱离苦海，这也是潮汕姿娘中一些佛教信徒的善举（每年的时间是在七月十四），在海门、潮阳还会准备一个纸桶，里面放一些所谓的“日用品”烧给往生者。

“冬节”也就是“冬至”，由于节日的起源与岁时节令有关，有的人家不在清明节期间“过纸”，便在此之前为逝世的先人“过冬纸”。“冬节”顾名思义，在季节上属于寒冬，预示着严冬腊月到来。冬节前两天，家中主事的姿娘要提前做好一些粿品，还要准备糯米粉。冬节前夜，家中老少会围在一起，用糯米粉“搓丸”，这是一个家庭的温馨时刻。记得当年八九岁时，在外工作的父母亲提前回家过节，在祖母的主持下，一家老少齐上阵，尽管搓出来的丸大小不一，但祖母笑眯眯地说：“父仔公孙好啊，团团圆圆就好。”难得能与父母一起“搓丸”，这是童年记忆中暖烘烘的亲情。当晚，除了搓丸的家人每人都吃一碗热腾腾的甜丸，还把挑出来的大小相等的煮好待凉，以供翌日祭拜祖宗。有的家庭用糯米做成粿，潮阳人也叫“钱仔粿”，还要配上花生糖。但各地风俗大同小异，在这一天里海门的风俗是不可以煮饭，只能吃“糜粥”。潮汕城市中更多的人家是吃板栗花生炒饭，喝炖鸡汤。总之，过什么节做什么粿来拜祭祖先，供奉神明，潮州姿娘个个心中有数，对号入座，绝不会弄错。

（五）水果节拜“月娘”

对于潮汕姿娘来说，中秋节也要先拜祖先，因为这是一个十分喜

庆的节日。让姿娘们高兴的，莫过于很多出外做生意的男人大都提前回家来。如果说，正月初一的迎来送往、热热闹闹，更能体现男人的阳刚和喜悦，那么中秋节就可以说是体现姿娘们柔美的节日，这两个节日在潮汕这个地域显得格外重要。

在农村，潮汕姿娘们会做各种各样的米面食物，如普宁农村姿娘用糯米饭、米饭堆砌塔山，潮阳西胪的姿娘喜欢做“油粿”（就是用面粉和成面团后，包甜馅，做成月亮形状，放到油锅里炸，入口香脆），还有潮州意溪的月饼，汕头澄海的糯米糕，汕头达濠比巴掌还大的月饼，有些姿娘还坚持要做传统的各种粿品，总之，品种之多，数都数不过来。虽说现在市面节日货源多，但总也挡不住“姿娘人”那一双勤快灵巧的手。

吃过晚饭后，所有姿娘都要先沐浴、更衣。接着，忙着在能望见月娘的天井、门楼、厅前摆起桌子，扎上绣满祥禽瑞兽富贵花卉的床裙。城市里的人则在阳台上摆张圆桌，招呼着儿女们摆出早已准备好的各种各样的水果、月饼、糕点。说到水果，尤其让人动心，每年入秋之后，油甘、橄榄、成熟的柚子、青支梨、红梨、菠萝、香蕉、林檎、龙眼、杨桃、红柿、牛心柿等竞相上市，除此之外，现在的水果市场还多了各种各样引进的进口水果和国内各地的优良品种，如“红毛丹”、“西柚”、“山竹”、“樱桃”、“火龙”等，琳琅满目的水果自然就成了中秋拜月的最佳选品。为此中秋节又被人们称为“水果节”、“斋节”。姿娘们还别出心裁地用红纸剪了福字贴在糕饼、云片糕、月饼、柚子上，用油甘的枝叶扎成孔雀开屏，用香蕉围成个黄色的大圆锥等造型。

当天夜晚，月亮的阴晴圆缺牵动着千千万万人家，很多“姿娘人”早些天就一直关注天气预报，以使等待“月娘”的心情能安定下来。终于等到月亮上来的时刻，家家户户的孩子突然间欢呼雀跃起来，姿娘们更是高兴得手舞足蹈。这是大多数家里外出赚钱的男人回家过节，一家人欣喜若狂的欢乐之夜的情状。俗话说：“每逢佳节倍思亲”，如果家中赚钱的男人没回家，这时候家中的姿娘和老人孩子虽然也过中秋节，就是另外一番情景了，看到的“月娘”也是清冷的。著名画家林墉是这样描述他小时候中秋节在家等不到父亲回来过节时的情境的：“潮州人过中秋，重点是夜晚，月色自不在话下，吸引少年孩儿的，却是在拜过月娘后那月饼、云片糕、咸干花生、柚子、龙眼的分给。一家子五姐弟，人人各分一份，那满足感是后来半辈子所未曾有过的。我的四个姐姐在逐渐升腾过青春的美艳中嫁走了三个。剩下四姐比我大三岁，正是多笑的年龄，与病着的母亲和70岁高龄的祖母构成了我的家庭。父亲在外地谋生，要等有了收入才回来的，中秋时往往见不到他。四姐在无形中成了一家的半个主人，母亲总是带着病容来吩咐该做的一切，而她也总做得井井有条、恰如其分。时逢中秋，四姐默默地在母亲的调拨下筹办了中秋夜晚该有的一切。夜来了！收拾起晚饭后的桌子，抬出红漆的大方台放到厅前的天井边，我和四姐把各种供品学着大人们的款式摆着。而后就等着月亮的光临。这夜，这中秋夜，这等着月光的夜，半辈子以来，总铭刻在我的心扉上。房屋空荡荡，母亲和祖母各自在自己的房中歇息，她们已习惯日入而息了，先前一群姐弟等着分供品的热闹气氛，如今只变成四姐和我在守着供品。别是一种滋味，说不出的滋味。眼睛盯着那先前很诱人的饼食果品，我没有了太大的占有欲……兴许是少年的无知开始有了觉醒？兴许是无碍的心境开始有了牵挂？我心中浮起我负笈离家的幻想，供桌离我远去了，远去了……月娘终于圆圆满满迎面移来！显然笑着，红台上的供品浴着玉一般的清光，闪射出奇异的芒彩。四姐点燃了一把香，递给了我，习惯是男儿担当拜香专职。我捧着香朝月娘礼拜，缭绕的香痕变成了眼前的烟帘，月娘丰满的洁白一下子嵌进了曲曲折折的痕线。香烟一直还在曲曲折折地升绕缠旋，四姐默默没有声音，月色给她的面庞镶上了一圈银色的边光，既像铸，又像雕，只都是清一色。我已过了持花灯的年岁，却仍把檐下的一对灯笼点上蜡烛。微风过来，红红的灯笼晃着，与月

中秋拜“月娘”（翁志雄摄）

娘的满白比衬，这灯笼红得冷艳。这圆圆的白与圆圆的红，正就是我那月夜的心境……”（《林墉品味文集·少年的夜》）

潮汕姿娘对着挂在天上的大玉盘，特别喜欢将自己的心事向“月娘”诉说。姿娘仔想找什么样的丈夫，也尽情地向“月娘”倾诉，有的还通过“卜杯”获得月娘的启示。

（六）妈祖原是默娘

每年农历的三月廿三，是传说中海神妈祖的生日，这是潮汕姿娘最崇拜的女神，也是潮汕沿海最隆重的节日。妈祖原是福建莆田人，而潮汕地区80%的居民祖先来自福建，潮州俗语也有“潮州人，福建祖”。意思是不忘祖先，故对这位女神特别恭敬。

传说宋建隆元年（960），妈祖出生在福建莆田港里村巡检林愿家中，因为她生下来时不啼不哭，到满月时也没哭过一声，故取名默娘，她有一个哥哥和五个姐姐。8岁时父亲林愿让她读一点书，她便“一里通，百里彻”，学会观察天象。林愿只带她出过几次海，她便熟悉海路和水性，有一次打水时她捡到两片铜镜，以后便会给人治病，单身出海和救过遇难渔船，所以大家都叫她做“神姑”。潮州人过去有“落阿姑”，就是请这位神姑降乩的。传说妈祖16岁时，父兄出海了，她在家织布时，突然停下来一动不动，母亲连叫几声都没回答，母亲生气了，打了她一下，她捶胸顿足哭着说：“哥哥掉下海了，我本救父亲和哥哥，但给你打这一下，哥哥就救不起了。”次日一早父亲回来，说他获神仙护救而儿子葬身海里。

妈屿妈祖宫

中信河浦妈祖

宋雍熙四年（987），28岁的林默娘在九月初九羽化升天，老百姓

在湄州岛上为她盖了一座神庙，称为“通灵圣女”，由于她“神功广大，尤著于江湖河海之中，上为国家保卫海域，下替生民拯救滔溺”，故被宋、元、明、清四代皇帝加封二十八次，超过文圣孔子和武圣关公，最后从“天妃”、“圣妃”、“天后”到“天上圣母”。

因为潮汕姿娘非常崇敬妈祖，每当男人们出海捕鱼之前，平安返航之后都去拜祭，还有逢年过节，每月的初一、十五，遭遇天灾人祸等，姿娘们都去向妈祖祈求心灵的慰藉。潮汕原来也有不少“妈宫”，如潮州原有天后宫在凤凰台侧面。从前开元街的汀龙会馆也是天后宫，在汕头市区升平路口，建于清嘉庆年间（1796—1820）。汕头开埠之前，附近只有关帝庙和沙汕头，庙前为海滩。在清光绪五年（1879），这座天后古庙曾重修过一次，但现今都没有了。此外，在光华埠的“厦岭妈宫”，在南澳县深澳镇北部也有一座明万历四年（1576）由南澳镇副总兵晏继芳建的天后宫，七年后另一副总兵于嵩重建，清康熙二十四年（1685）总兵杨嘉端重修。澄海、樟林、南社布袋围有“妈祖新宫”，是汕头开埠前樟林港留下的文物点之一。明万历八年（1580），樟林港便有妈祖庙，到清代樟林港的全盛时期重建这座颇有规模的新宫，新宫建于清乾隆五十二年（1787），占地十亩，为中轴线宫殿式建筑，最后座是梳妆楼，前是前殿和正殿，两边是阁厅廊堂，殿厅两边镶嵌着彩瓷龙凤图案，左龙右凤，现门前石狮、石鼓，正殿及龙凤窗后楼和东西阁厅都存有，廊内还有碑刻多块。汕头港的出海口妈屿岛也因妈祖为名，原称放鸡山，传说先前渔民出海前需备活鸡一只，在老天后庙前放生，后来清兵在岛上建有炮台，汕头开埠后又建新的天后庙，故岛上有两座妈祖庙而称妈屿，现今老庙在上显得陈旧简单，新庙在下，颇为堂皇。由此可见，早年妈祖在潮汕人心目中的位置。

潮汕姿娘过去在封建礼教的长期束缚下，过着低头俯首的日子，她们遵循的“妇道”、“孝道”都和时年八节祭祀祖先，以及平时每月的初一、十五或各有什么节俗祭拜各方神灵紧密联系。现今的潮汕姿娘，尽管已经走进了新时代，但传统的观念根深蒂固，他们依然以此观念来衡量当了人家媳妇的“姿娘人”，除非这个姿娘已经出去打工，或是跟着男人出远门去做生意了，平时的节俗可以减少一些，但逢年过节还是不得马虎。如果哪家“姿娘人”在家而没和周围的姿娘们一

样忙碌于祭祀祖先及节俗的活动，最先是过不了家中老辈人这一关，紧接着很有可能会遭到唾弃，尤其是在偏僻的山村更甚，这类“拜老爷”的事做不好，简直就是大逆不道。居住在城市的姿娘在现代气息的熏陶下，日常生活稍为宽松一些，但也免不了拜祖先、初一十五“拜老爷”，要求老爷“保贺”（保佑）出外赚钱的男人平安、发财。碰上家中有事或天灾人祸更是到处求神拜佛。随着改革开放政策的落实，很多人家获得较高的经济效益之后，捐款给宗族祠堂翻新，捐资给当地的神庙、“老爷宫”、“天后宫”、“妈祖宫”搞建设，这些现状都在一定程度上张扬了时年八节及民俗的拜祭活动，与此同时，也在一定程度上丰富了平民百姓的生活情趣，激发了民俗的创新和发展。

七、走出“花园”，穿木屐拜别“公婆神”

古往今来，粤东潮汕地区有特殊的成人礼民俗：给15岁的孩子“出花园”，以表示孩子从当天起已长大成人。潮汕人认为，小于15虚岁的小孩子是生活在“花园”里面的，由一对被称为“花公花母”（也叫“公婆神”）的神灵保护着，也就是说“公婆神”可以掌控小孩子是不是听话，身体是否健康，能否平安长大成人，在孩子15岁之前全靠神灵庇护，所以潮州人对于祭拜公婆神向来是很重视的。生活在“花园”里的小孩子在每年的七月初七要祭拜公婆神，以祈求健康成长；而出了“花园”的孩子已经不在“公婆神”的掌控之中了，以后初七就可以不再祭拜“公婆神”了。同时，走出“花园”的孩子，也就可以走出家门了，不能终日再在花园里嬉戏玩乐。出花园时，父母会将亲戚都宴请过来，以便宣告“吾家有女初长成”。行过这个仪式的孩子也就拥有了一些大人的权利。

依依话别（翁志雄摄）

（一）走出“花园”成人

农历七月初七是潮汕地区传统节日中最具浪漫色彩的一个节日，也有人称之为“乞巧节”、“七桥节”或“女儿节”。凡家中有15岁以下小孩的人家都要在家

中祭拜公婆神（潮阳称床脚婆，揭阳称公婆母）。潮汕各地都有不同的传说，但大致相同的是，这个日子是15虚岁“出花园”的孩子最后一次祭拜公婆神。男孩“出花园”，家人期盼他能出人头地；女孩“出花园”，家人更多的是希望她明了事理，并可以开始谈婚论嫁，能及时找到一个好人家（在本章里，着重谈“姿娘仔”的“出花园”）。

那么，公婆神是什么神呢？揭阳一带有这样一个传说：宋朝有一皇子出世不久，日夜啼哭，生命垂危，连皇宫内的御医也不知如何是好。皇帝遂下令张榜招贤，募民间贤妇进宫医治皇太子。后来，潮汕一位善于哺育和调教孩子的妇女决定进京试一试。说来奇怪，皇太子在她的悉心护理和调教下，不啼哭了，病也好了，人也变得聪明了。皇帝龙颜大悦，便御驾亲临，想加封于她。正在护理皇子的她听说皇帝到了，一时慌了神，手忙脚乱之中躲进皇子的眠床底下，并惊得昏了过去。等到皇帝知晓，她已气绝身亡。皇帝深感痛惜，遂嘉封她为少年儿童的保护神，主管人间婴孩的生命和健康，并尊称她为“阿婆”。后来人们把“阿婆”当作儿童的救护神进行膜拜。相传阿婆是在七月初七死的，按理说，本来这一天是“阿婆”的忌日，而人们却称此日是阿婆成为神的生日（民俗讳死）。所以每年这一天，有未成年孩子的家庭，便将阿婆的神灵请至家中供奉祭拜，至孩子15虚岁“出花园”方才结束。公婆神的神位一般是供在孩子睡觉的眠床底下或床顶端。家祭的公婆神不立神像，只用一个瓷碗作香炉。祭品有饭、甜丸、粿品、鱼肉、纸钱及纸制“婆衣”（供阿婆用的寿衣）。祭品逐年增加，至15虚岁“出花园”时最为丰盛，以谢公婆神多年来保佑孩子平安之恩。有些家庭，每年除七月初七祭拜公婆神外，还在元宵节和除夕再次祭拜，以表示自年初至岁暮都对公婆神敬重与虔诚。另外，如果家中的孩子患有麻疹或天花等病，“姿娘人”就急着祭拜公婆神，祈求保佑平安。潮汕有些乡村还在乡中的一些神庙里附设公婆神神坛，供乡人长年奉祀。这种公婆坛，或称花公、花妈，随处可见，都塑有偶像，还配了一副专用对联：“公公十分公道，婆婆一片婆心。”香火甚为旺盛。由此可见，公婆神在民间的威信极高。

从小耳闻目睹的民俗（翁志雄摄）

逛街的姿娘仔（翁志雄摄）

据相关资料表明，“出花园”自明代便已开始。如明朝南澳同知温应光的《南澳竹枝词》有“出花园”一首：“花开花落漫同论，雨露栽培在本根。预卜春风红杏好，一枝今已出花园”，据称这是考证出花园之俗形成的一个依据。事实上，男女孩子到了15虚岁这一年，孩子的母亲和外婆就开始筹划着为孩子办出花园仪式。姿娘仔出花园有许多规矩，如出花园这一天孩子要穿外公外婆买的新衣服，过去更多是外婆自己做的新衣服，后来是买的比做的更方便更合身；穿着外婆送的新衣服、新红木屐，姿娘仔整个人显得妩媚成熟。清早，“姿娘人”把先准备好的猪内脏，包括肠、肚、肝、肾、心，煮熟成汤，并加点糖，让姿娘仔吃下。其寓意就是15岁了，人必须更新内脏，俗称“换肠换肚”。接着领着她最后一次拜“公婆神”。出花园的姿娘仔还不能跑到天空之下，要躲在屋子里，因为这一天她是不能见到陌生人的。家长要在家里宴请宾客，其实也就是亲朋好友。古时宴请宾客，席上的座次是极为讲究的，尊卑、长幼、主客座都马虎不得；然而这一天，上座必定是留给“出花园”的姿娘仔的，哪怕入座中有爷爷奶奶辈分的长辈也要让给她，潮汕人称之为“坐大位”。其母亲备办丰盛的午餐，有鸡鸭鹅、三鸟蛋、猪肉等十二道菜（表示一年十二个月生活幸福）。其中青菜以厚合、葱蒜等为主，其意思是

“出花园”坐的红凳子（杨小琳摄）

出花园后处处与人“六合”；蒜，是长大后能算会除，葱，即聪明伶俐；还有芹菜，芹，是勤的谐音，喻指以后一生勤劳。这一天孩子要穿红木屐，要跳过“胶掠”，往返多次。有邻居笑问“出花园”的姿娘仔：“阿妹，你今日坐大位啊！成人了！”姿娘仔会不好意思地微笑点头。这实际上是要求她从这天起不再贪玩，做个循规蹈矩的“姿娘”，等待出嫁。所以说，姿娘仔到了15岁就是一个门槛，槛的这边是童年，迈过了这道槛，提亲的媒婆便接二连三地来敲门了，姿娘仔也不知不觉就变成了“雅姿娘”。

（二）外婆的新衣裳

15岁就这样在每个姿娘仔的成长道路上悄然划下了一条界线。这意味着姿娘仔成熟了，可以婚嫁生育了。有的人更认为，懵懂无知的姿娘仔穿上外婆送给她的新衣裳、红木屐出花园之后，就逐渐懂事、开窍了。

之前曾在澄海采访，办羊毛衣厂的阿丽告诉我，她二十年前“出花园”的时候，正好是中国刚刚改革开放的年代。她说，她是独生女，在当时这种情况是少有的。澄城那里的生活，有很浓郁的潮汕地方特色，姿娘绣花、钩通花、手工编织工艺品都很普遍。但小时候她感觉自己每天懵懵懂懂，好像很迷茫，不像身边一些精明能干的女同学一样，看到什么手艺就能学会什么。如那时很多女同学用小塑料胶管编鱼编虾，还有编其他许多动物，她就怎么也学不会。很多女同学会钩通花，每天身上还带着线，一下课就掏出来钩，不一会儿就钩出一片片圆形的通花。虽然她也能钩通花，但钩得太慢，她不敢带到学校来，怕同学笑话。她的语文成绩在当时的班上还可以，但数学较差，总是刚过及格分数线。那时她祖母总说她笨，还说她要是“出花园”就能变得聪明了。到15岁那年夏天，她隐约知道，祖母和母亲经过一番商量，决定在当年的农历七月初七为她

卖“出花园”专用品店（晓秋摄）

办“出花园”仪式。

那天，她清楚地记得，一大早就被母亲从被窝里拉出来，祖母为她准备了一大“脚桶”（木制圆桶）热水，里面有榕树枝、龙眼枝、红花、桃枝、状元竹、仙草等不同的鲜花各一对，浸在水里让她沐浴，沐浴后母亲给她穿上自己亲手缝制的新腰兜，兜里放着十二颗桂圆和两枚家传“顺治”铜钱。母亲还将外婆缝制给她的新衣服拿出来给她穿上，内衣都是大红色的，再穿上红木屐。母亲一脸的虔诚，严肃中带着期待。当母亲的目光停留在她的身上时，阿丽顿时一颤，好像明白了母亲的期待，那就是从今以后，她要开窍和聪明起来，学什么都要很快领会。母亲又嘱咐她，出花园这天，不要打电话出去，不能见生人，不能出门，凡事都要百依百顺，以图个好兆头。从那一刻起，阿丽好像变得聪明起来了。

这天家里来了很多客人，来的都是姑姨舅妗，特别是外公外婆也来了，她特别高兴。因为外公外婆只有她这个外孙女，其他孙辈都是男的，所以平时外公外婆特别宠爱她。祖母指点着家里的大人逐渐摆上三牲果品，上面还贴上剪纸，请出公婆神的炉子，燃起香来叫她跪下来拜。拜完后，她要吃鸡蛋、汤圆（一定要吃两个，才能好事成双），表示吉祥。

接下来就是请客人入席，摆上酒菜。有一只很大的螃蟹，意为“拜蟹手足”（在潮汕话中的意思是手脚多动），即告别儿童时代。在出花园当天，阿丽一直很悠闲，最后一次由父母宠着。母亲悄声告诉她，这些菜每一种都要吃，吃了能计数，长大后能掌财。

吃饭期间，大人不断地给她夹菜，还给她吃鸡头，这只鸡别人都没有动。她问母亲：“我可以不吃鸡头吗？”母亲说：“作为独生女，要吃，要吃。”办了“出花园”仪式后，日子一天天过去了，阿丽好像真的开了窍，每次考试数学都在优以上，她后来考上了大专，读了会计专业，毕业后回到澄海，帮助父亲管理企业。她很精明，生意往来的数目，她都计算得很精准，企业赢利一年比一年多，她父亲暗自高兴。我不知道这是心理作用还是巧合，总之，阿丽没出花园时，我不认识她，但认识她之后，从她的为人处世方式看出她是潮汕姿娘中明事理、有胆识的人，一点儿也看不出她当年笨拙的痕迹。

出花园习俗，潮汕各地也略有不同。有些地方要先求神问卜，获知没有“忌讳”、“冲撞”，才能举行仪式；有些山区特别重男轻女，只给男孩出花园，不给姿娘仔出花园。澄海风俗与潮州风俗大体相同：庄重地用香花煮汤擦洗身子，想象着天真无邪的童年岁月将要随“花水”而去，憧憬着如何当个像模像样的大人，那心情既新奇又兴奋。沐浴时辰要选在正午。人们常说的洗“六对花水”，榕树枝、龙眼枝、仙草取其永葆青春之意，象征朝气蓬勃；状元竹是得中高第，成才的象征；而红花、桃枝则取其辟邪之意，象征孩子听话、懂事，做事顺当。饶平县黄冈镇姿娘仔出花园，经算命先生卜卦而不让出花园者，仅举行简单仪式，给她穿新衣服、新木屐，另买一只猪肚煮熟让孩子躲在门后吃，然后拜别公婆神，将香炉丢弃。揭阳的姿娘仔出花园时，外祖父和外祖母要给孩子办“出花园礼”。出花园之日，孩子要吃糯米甜丸、红鸡蛋和甜猪肝，意谓圆满长进，并给外祖父和外祖母及送礼的亲邻回送礼物。揭西、普宁、惠来的出花园者，当天要吃炒猪肠、猪肚，并邀请小时同伴于地下围着“胶掠（竹箕）”同时进食，祝贺出花园者换上成人肠肚。个别地方15岁孩子的家人要给亲友赠送酵粿、鸡鸭，亲友回敬布匹。海陆丰地区也有“出花园”风俗，公平镇“出花园”者的年龄定在16岁，适应了潮汕俗语“十五成丁，十六成人”。如果出花园者还有弟妹，那么她出花园后必须将公婆母炉供在眠床顶上；要是本人排行最小，可以把炉丢弃在附近坑沟的清水中。

（三）红木屐红兜肚

古时潮汕的富贵人家，对其“姿娘仔”的“出花园”仪式办得非常隆重，请客办酒席，各种过程和细节井然有序，充满了情趣；中等人家的姿娘仔大多只是办了简单的“出花园”仪式；有些穷人家当然就是拜拜公婆神，买一套新衣服，买一个红兜肚，买一双红木屐而已。红木屐和红兜肚因此显得特别重要，是出花园主角的重要道具。

木屐，本是古人穿用的一种木底鞋的通称，为我国古代人所钟爱。早在春秋战国时期就已出现。据记载，晋文公多次请隐居于绵山上的功臣介子推出仕不至，便企图使用焚山燎木之法逼他出来。不料，介子推却抱住一棵大树被烧死。晋文公很悲痛，就用那株树的木料制成一双木屐，每天穿着木屐并不时叹曰：“悲夫，足下。”以此表示对介子推的怀念。后被市井人所模仿，并相沿成习。由于着木屐优点甚多，便很快流传到南方。而传到潮汕后，便成为潮汕人日常用的一种便屐。为何“出花园”的孩子都要穿红木屐呢？《南粤笔记》云：屐，“以潮州所制拖皮为雅”。这里所说的拖皮屐就是林大钦穿的红木屐。传说明嘉靖年间潮州状元林大钦少时读书，买不起红鞋，便穿红皮屐。一天，他放学回家，见有老者抱着一只公鸡蹲在地上，旁边还有两张红对联纸，一张没有字，一张写着“雄鸡头上髻”。老者要求路过者应对，对得上者可得这只公鸡，对不上者仅赔他一页对联纸。林大钦站了一阵，对曰：“牝羊颔下须。”“对得好。”老者高兴地点头微笑，立即将公鸡送给他。林大钦回到家里，他的父亲将公鸡宰了，煮熟后将鸡头奖励给林大钦，以示独占鳌头之意。后来，林大钦果然中了状元，名扬天下。潮汕人以为这是个好兆头，所以在举办“出花园”仪式时，也给孩子穿红木屐、吃鸡头。

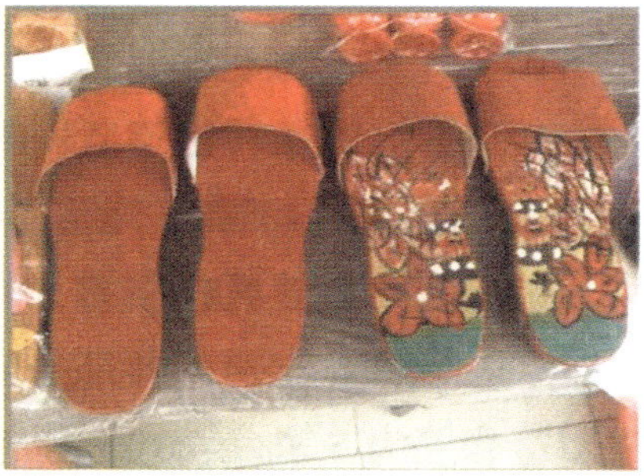

潮州红木屐（陈利江摄）

出花园的兜肚（陈利江摄）

姿娘仔穿着木屐，腰肢一扭一扭，走起路来特别好看。但昔年潮州有“命孬姿娘好算命，无用禾埔穿木屐”的民谚，“无用禾埔”是指那些无技术专长或经常失业，到处寻找职业无着的男子，他们即使把脚穿的木屐走薄走坏了，也难以赚钱养家。除了姿娘仔“出花园”须穿红木屐外，女子出嫁须陪嫁油彩花木屐，以应对俗语所说的“走仔嫁花屐，到夫家有食”。可见，木屐在潮州姿娘日常生活中使用的频率之高。

据说古时无论男女，幼年的孩童都不结发，多是垂发，头发自然下垂；也有将头发扎成两撮垂于脑后的，叫“总角”，不加修饰。女子到了15岁时，就要举行“笄礼”。“上笄之礼”就是将头发绾起来戴上簪子，即将头发挽成髻，盘在头顶，用笄（簪子）插住，以示成

老屋前的遐想（张伟民摄）

年。女子可以插簪就是成年了，可以生儿育女了。笄礼的主持者一般是女性家长，负责加笄的是女宾。后世笄礼也如冠礼，不那么隆重了。但女子所谓的“上笄之礼”及“上头入月”（上头是笄礼的俗称，入月则指月经初潮），标志着女子成年，前者是装饰变化，后者是身体变化。后来，这种“笄礼”就和“出花园”合二为一了。

在潮汕大地上，无论是从前还是现在，15岁的姿娘仔盼望“出花园”，每当这个日子临近，这个年龄的女孩子总有与众不同的表现，即将长大成人的“姿娘仔”，无论家庭是富是穷，都对未来充满梦想和期待，行过“出花园”仪式的姿娘仔也就拥有了一些大人的权利。如古时在这之前不能单独上街，做什么事情不能先斩后奏，和什么人来往等都要经过家长同意；还有不能吃鸡爪和鹅、鸭掌，据说吃了鸡爪五指会变形，拿筷子要颤抖，等等。而行了“出花园”的仪式，一切就无所顾忌了，毕竟长大成人了嘛！这个时候，姿娘仔的身体正在发育，古老的潮汕人家有个传统，一向崇尚早生贵子、多子多福，这时便有忙碌的媒婆踏破门槛，前来找父母给女孩说亲了。姿娘仔懵懵懂懂，特别是在封建社会只因走出“花园”，就是“成人”了。面对媒婆的如簧巧舌，绝大多数姿娘仔对男方还根本不了解（有的甚至没有见过面），不知道男方是什么样的性格品德，就匆匆结亲。性格不和的，也就“嫁鸡随鸡，嫁狗随狗”了。的确，潮汕的很多老辈姿娘都是先成家后谈恋爱，在日常生活的琐碎小事中长期磨合，磕磕跸跸而共同走过一辈子的。

（四）吃鸡头做美梦

一个在深圳做农贸生意的朋友说，女儿姗姗在读大学的第一年放暑假回到潮汕老家，邻居一位祖太婆见到她，笑容满面地问她：“妹仔，你有几个孩子啊？”姗姗吓了一跳，往后看看是否在问别人，发现没有其他人，确定是在问她后，她的脸“刷”的一下子红了，半晌答不上话来。祖太婆见她没反应，又问了一句：“几年不见你了，成家了吧，有几个孩子啊？”“我在读大学。”听说她还在读书时，祖太婆笑眯眯地说：“噢，我还没出花园就被父母亲嫁出去了，像你这么大时，孩子都已经两三个了，最大的已经五六岁啦。”祖太婆 14 岁的时候就被父母嫁出去了，15 岁那年，她抱着孩子，公公婆婆给她举办了“出花园”仪式，最后一次拜公婆神。那年好多亲戚都来庆祝，席间，孩子还哭着要吃奶，亲戚们都围过来看，都夸孩子长得好，把她这个坐正位的人淡忘了，所有的目光都投给了她的孩子，仿佛那天的仪式是给孩子的，她倒成了陪衬。而更富戏剧性的是小她一岁的丈夫竟然跟她抢吃鸡头，慌得公婆连忙将他拉开，说：“下一年就该轮到你吃鸡头了，抢什么啊。”想想祖太婆当时多年轻啊，她的老公比她更年轻，可他们都已经做了父母，幼稚的肩头便从此挑起了整个生活的重担，然后在岁月的流逝中渐渐地逝去了青春，白了双鬓……这是姗姗不敢想象的事。姗姗庆幸一个“读书”的借口让她摆脱了家乡的传统，像一朵轻盈的云飘荡在异乡的天空。其实，现在的许多女孩已经 30 岁出头了，但仍然单身，很快乐地享受着一个人的生活。姗姗的许多同学也在结束学业以后回到了家乡，陆陆续续成家了。每次回到老家的时候，她总听到家乡的亲戚善意地问她：“何时‘赶人’结婚生仔啊？”“何时？”她说：“也不知道何时啊，时到花自开吧！”

不久前，我碰到早年在广州工作的同学煌煌，她说，她弟弟的女儿今年 15 虚岁了，今年她弟弟和弟妹准备在七月初七之前，专门带女儿回潮州老家举办“出花园”仪式。一方面想让女儿不要忘了家乡的一些传统和民俗，另一方面也想让女儿暑假期间丢开书本轻松玩儿

天，因那时正是暑假，何乐而不为？外甥女知道后也很高兴，她是在广州出生的，除了想了解家乡的传统文化外，还将给她举办“出花园”仪式当成一种新奇好玩的游戏。然而现在潮汕本土女孩对于“出花园”的心态则不一样了，等待“出花园”那一天的到来，就像是情窦初开的少女在等待她的小情人一样。我曾在路旁等车，听过几个潮汕姿娘仔一段关于“出花园”的对话：

“莲，你爸妈哪天为你办‘出花园’呢？”

“我阿爸找人看了日子，说要七月初七才出花园。”想起自己也要“出花园”了，莲笑了，她说：“阿爸早就养了一群鸡鸭鹅，说留着给我‘出花园’请客用。我盼望‘出花园’的日子早点到啊……”

“嗯，我爸妈给我看的日子是在三月十五，后天就是。”秀高兴起来语无伦次，“我外婆、大姨、二姨、小姑都给我送了礼物，还有大舅、二叔、大姑没有送。小姑给我买的连衣裙和外婆买的真丝短袖衣的款式最好看，莲，晚上你来我家，我拿给你看。”

……

另一种场合，几个潮汕籍女大学生的对话：

“现在看到15岁的孩子‘出花园’，就想起当年我‘出花园’那时的情景，那时妈妈比过节还忙啊！”

“哈哈，知道啦，‘出花园’那天要坐‘大位’，吃鸡头、猪内脏。当时我是不吃那些猪肠粉肠什么的，结果妈妈把这些东西都煮在一起，叫我‘壳苦’喝了几口汤，然后说这样就行了。”

“哈哈，我们所吃的都一模一样。”

“还脚踩一张小凳子呢。”

“真的吗，可能我15岁那年家里太穷，我没有‘出花园’哦，哈哈。”

从上述几个女孩的对话中，我们可以看出家长其实更重视“出花园”的形式，同时更喜欢分享家中有女初长成时的喜悦。随着社会的发展，时代的进步，女孩们对“出花园”的物质有了更多的需求，在精神层面上也与过去有了很大的差别。汕头市鮀浦街道夏趾居委的林奶奶79岁，为街坊邻居帮忙操办了多次“出花园”仪式。在传统的仪式上，小红兜肚里面要放八个铜钱，还放龙眼干、酒饼、春菜籽、绿豆籽、早稻谷等五样种子，一条红裤腰带、红兜肚表示既贴心又柔顺。林奶奶祝所有姿娘仔“出花园”后，都能过上幸福美满的生活。

当代中国著名民俗学家钟敬文先生于1983年在广东省民俗学会成立大会上讲话时，提到潮汕的“出花园是一种特殊的成人礼”。此话一出，姿娘们就郑重其事地为子女大办“出花园”仪式。近几年已引发了商家敏感的商业意识，市面上逐渐出现了为这项仪式服务的行业，在潮州市东门街头，办“出花园”所需要的用品木屐、花篮、兜肚、桶盘、米筒、笔筒等应有尽有，凡“出花园”的用品大都是浓烈的大红色，使得每个进店的人都被映衬得红光满面、喜气洋洋。在汕头，还有数码相机、MP3音乐播放器、手机等数码产品，都是亲戚朋友买给孩子作为“出花园”的礼物的。而很多饭店酒家也在这一天赚了个盆满钵满。随着社会的发展、时代的进步，潮汕不少中学都举办成人节，有很多在校学生已参加了学校的成人礼，但仍无法代替家长为他们举办的“出花园”仪式，这也许是家长对孩子有更加深切的期待吧。

八、巾帼豪情，是金子必定会闪光

虽说现代潮汕姿娘中大多数人有着温良恭俭让的形象，但也不乏英姿飒爽、巾帼豪情的一面，这类潮汕姿娘对事业执著坚定，个性柔中有刚，对家人柔情似水，对社会有责任、有担当，更令人肃然起敬。有一句话说：是金子必定会闪光。如新中国第一位引航员、航海高级工程师李正容，闻名全国的汕头市金平区月季居委会主任杨静娟，美国国家武术总会会长、美国全国太极拳总会会长、国际武术教练和国际裁判美籍潮人许玛丽等，都是既有海洋深情又兼备英姿飒爽、巾帼豪情的潮汕姿娘。

（一）海上劈波斩浪

每个人都有自己的理想和对未来的规划，李正容小时候的理想是什么，她没有过多谈及，但作为潮汕姿娘，作为中国第一位女引航员、航海高级工程师，李正容凭着精湛的航海技术和过人的胆识创造了三十年安全引航的骄人纪录，安全航海四十五年的辉煌历史。李正容回首过去，她的一生充满了色彩斑斓的记忆……

李正容20世纪30年代末出生于汕头市，是生在旧社会、长在红旗下的潮汕姿娘。她从小就喜欢蔚蓝的大海，每有空闲，总要望着大海想心事，为自己的未来作规划。她说，小时候触发她开始懂事的是：邻居家的一幢小楼住着一户资本家，他的几房太太也都住在这幢小楼里，几房太太每天不停地争风吃醋，吵吵闹闹，弄得周围鸡犬不宁。每当看到她们吵架，小小的李正容就会陷入沉思。从那时起，她就开始悟出一个道理，女人一定要自立自强，要有地位，要有经济，要有自己的事业。嫁人，就要嫁一个能疼自己、爱自己一生一世的男人。

此后她努力读书，1950 年，她中学毕业时毅然报考了汕头市高级商船技术学校，并以优异的成绩被录取。那时候，新中国刚刚成立，百业待兴。当时潮汕姿娘仔大多因为家里穷不给上学，能上学的姿娘仔，读完小学就不错了，而李正容不但读到初中毕业，还考上了这所高级商船技术学校，而且学的是驾船技术，这在姿娘仔中属凤毛麟角。

三年的校园生活很快结束了，那年她 19 岁。李正容被派往号称“天险”的川江上船实习驾驶。当时，李正容实习的船只叫“江发轮”，她上了船，只见川江河道弯曲，礁石密布，她心想，要在如此险恶的江上安全航行，没有过硬的本领还真不行。当她踏上驾驶台时，男船员不相信这个女孩子学的是驾船技术，他们婉言拒绝她上驾驶台。这倒激发了李正容闯过川江急流险滩的决心。船长一开始也不让她学开船。怎么办呢？她眉毛一扬，计上心来。有一天早晨，她突然爬上高高的桅杆，船员们拼命地喊：“危险，快点下来。”她说：“快叫船长来啊。”船长听说也赶紧跑了过来，说：“你有什么想不开的快下来说。”她说：“我就是要和男同志一样学开船，我学的是驾船专业，为什么你们都不让我学开船，船长你要让我学开船我才下来。”船长低头一想，这小姑娘学的是驾船技术，既然来实习了，为什么不让她试试呢。于是船长就说：“你快下来吧，我同意你学驾船了。”李正容听得真真切切，马上就滑溜下来了。教她学习驾驶的师傅，是一个非常严格的人。一次，她正跟着师傅学驾船，看到一个同学开着一艘正在实习的船从旁边经过，她兴奋地拉了一声长笛，想以此表示问候。即刻，师傅对她吼道：“下去！”她满腹委屈，哭着跑下驾驶台。过了一会儿，师傅叫人喊她上来，她还直掉眼泪。师傅一脸严肃地对她说：“你知不知道拉长笛表示什么，能随便拉吗？”她边流泪边认错。后来每提起这件事她就说，她永远感谢这位严师，是师傅让她学会严谨的驾驶作风和扎实的船舶操控技术。俗话说，“严师出高徒”，正是在这样的严师传帮带之下，李正容练就了一身过硬的技术。接着，李正容又虚心求教于有经验的船长。很快她就能自己驾船驶过川江了。闯了八年的“鬼门关”后，经交通部考核，她领到了“驾驶三副”的执照。半年后，她又被破格提拔为二副、代大副，成为川江船上第一个女驾驶员。

喜欢海上劈波斩浪的李正容，注定了她拥有不同寻常的人生。在

她航海的生涯里，她不停地创造着独特的经历。20 世纪 60 年代初，李正容被调到广州海运局，因工作上的突出表现，她又得到破格重用，成为汕头港务监督局内港引航员，专门负责引航海船进内港和榕江。

1990 年，她最先发现了烟墩湾是“粤东闽南最具发展前途的天然良港”。那时她到南澳岛给海运学员讲课。第一天授完课后，她漫步来到烟墩湾，出于职业的敏感，她感觉这儿具有天然良港的优越条件。为了验证自己的判断，她多次特意选在台风登陆之际，独自一人划着木筏到烟墩湾测底质流向、流速、水深、回潮量等。李正容实地观测和查阅了大量有关南澳的史料和水文资料，认为烟墩湾是“粤东闽南最具发展前途的天然良港”，具有建设大中型国际港口的条件。李正容将自己的结论和建议报告给汕头市和上级有关部门。随后国家和省有关部门的领导与专家专程到南澳实地考察，在可行性论证会上，与会专家普遍赞同李正容的看法和设想，惊叹于她的远见卓识。

汕头作为我国南方重要的港口城市，有过一所培养海运人才的学校，即李正容的母校：汕头高级商船技术学校。20 世纪 50 年代该校北迁武汉后，汕头再也没有一所类似的学校了。1993 年，李正容经过深思熟虑后，写了“关于复办汕头商船职业学校的建议”，认为汕头港口建设发展了，港、航、海人才培养才能跟得上。文章在当地媒体上发表后，立即引起了强烈的反响。企业家张先生深有同感，他与李正容会面后，立即决定投资重建海运中专，并委托李正容为筹建处主任。李正容马上组织一班人马干了起来，仅用了五个月时间，汕头海运中等专业学校便在美丽的桑浦山下诞生了。

新世纪的第一个“三八”妇女节是李正容人生最扬眉吐气的日子。作为新中国第一位也是唯一一位女引航员（当时），李正容被邀请为中央电视台《我关注我记录》栏目“三八”特别节目嘉宾。该栏目由央视三大著名女主持人张越、杨澜和沙玛阿果主持，李正容是第一位被采访的特约嘉宾。面对“女人不能上驾驶台”驾船这个中国古今的禁忌话题，事业、家庭的话题，张越把一个接一个的话题抛给了李正容（只有把李正容和张越的精彩对话呈献给读者，才能尽显其原汁原味、性情中人的性格）：

张越：您是中国第一位也是唯一一位女引航员（当时），在您三十年的引航生涯中，您觉得最困难的是什么？是事业，还是家庭方面？

李正容：是“克服世俗偏见”！有一次，一艘远洋巨轮要求引航，我按电报地点前去引水。刚上船，他们便问：“你要干什么？”我说：“我是来引水的。”他们说：“别开玩笑！女人怎么会引水？”我说：“我就是女的！我也就是引航员！”（观众鼓掌）我指着身上的引航服给他们看。可他们还是不相信，问：“有没有证件？”我说：“有！”拿出随身携带的证件给他们看，他们才让我上船（驾驶台）。

可那船长心里还是不信任我。本来该我掌舵的，他都不管（理）我，自顾自开着船。我不吭声地站在他旁边，一看，再（按他的方式）开就要搁浅了。我一急说：“船长！再开就搁浅了！”因为牛田洋（航道）很浅，船长也觉得不妙，马上将舵让给我。我立即一个左满舵……右进车……倒车，才使船行驶在正确的航道上。沿途沉鲛、小船密布，我引着巨轮得心应手地从船缝中穿过去，到达了地都码头。靠好码头，那船长紧紧握住我的双手说：“对不起！我们走遍了国内国际航线，都没有见过女引水员。假如不是亲眼看到，（我们）简直不敢相信，中国有这么好的女引航员。”我说（李正容扬着头一副自豪状）：“你们没看到的好的（事情）多着呢！（中国）好的女性就更多呢！”（鼓掌）

张越：在采访中我们注意到一个细节：同是一模一样的引水证，李正容的证四周都摩擦得损了皮，很旧很模糊。而她丈夫的证却仍是崭新的（出示比较）。这是为什么？李正容告诉我们，因为她是女的，几乎上船（引水）都要出示证件受检查，而她的丈夫却从来不用出示证件。这就是李正容所要克服的世俗偏见，（当）女引航员的最大的困难。李老师，您能给我们讲一个引水的故事吗？

李正容：好。好像是1981年吧，无动力、无航、无锚的“小姐号”万吨巨轮，准备急需引进榕江（内港）。当时领导开了个“诸葛亮会议”研究（对策），并先征询我的看法。我将该船的进水、长、宽都记了下来，晚上仔细推敲。因为我有在川江（天险）的船舶操作经验（作科学基础），我做了个方案：用一艘吊拖作（前头）“动力”，再用两艘旁拖（船）作“舵”，用一条钢丝制作一个简易活动“锚”，将“小姐号”引进港。第二天会上，领导将“小姐号”引水任务一说，男引水员马上有人站起来说：“开什么玩笑！这是不可能

的事！这么长（144 米）的无动力无舵无锚船，（进港）非把三江一海堵住不可。”

我将写好的方案摆出来，说：“可以进！”三条（拖）船加起来有 300 多米长，可是引航的水道最窄处却只有 60 多米宽。有男（引航员）站起来（指着我的鼻子）吼：“你不怕死吗?！我们男的都不敢（引），你敢（引）？几千万（元）的船怎能叫一个女娃娃去引?”

会场一阵沉寂。（主持会议的）领导踱过来拿出我的方案详细地看了一遍，（温和地）将方案一条一条念了出来。最后拍板决定：“就这么样，让李正容来试试，由李正容来实施（引航）。”会议散了，大家走了。我还呆呆地坐在凳子上。领导（同志）走过来拍了拍我的肩膀，说：“别怕，大胆干！”这时，久憋着的眼泪夺眶而出，我哭了，“为什么我（作为一个女性）干一件事这么难?”（鼓掌）

两天后，由我一个人指挥的四条船（“小姐号”连同三条拖船）平平稳稳地停泊到预定的地方（泊定）。两岸沿途有几千名群众围观。当我身穿制服挺着胸脯从驾驶台走出来时，所有的围观者齐声高叫鼓掌：“李正容！李正容！当代汕头穆桂英！”

……

几十年来李正容接受了无数次记者的采访，其中先后五次在中央电视台亮相，事迹在中央人民广播电台对外广播，每一次上镜都有不同的亮点。《羊城晚报》、《广州日报》，汕头本地的《党报》、《晚报》、《都市报》，还有专业报，如《中国水运报》、《中国交通报》等不同时期、不同热点、不同内容的报道，让她经受了无数次不同的刨根问底式的采访。事业、家庭、爱情是永远的主题。

1955 年，以李正容为原型的电影《乘风破浪》上映。李正容一直工作到 65 岁才退休。她利用退休后的时间，整理几十年引航生涯的丰富经验，先后写下了 60 多篇、20 多万字有关海运的理论和业务文章，并编写了多种船员培训教材，30 多万字。她把自己与海运结下的不解之缘毫无保留地传授给了下一代引航员。李正容性格活泼开朗、热情大方，除了工作以外，她还是一个能歌善舞的潮汕姿娘，她年轻的时候喜欢唱歌，并曾经为歌唱航海海员的大合唱作曲；喜欢跳舞，她就编出表现航海海员的舞蹈，这些都在行业演出中获奖。与此同时，她还是全国海员女子篮球队队长，曾多次率领她的球队队员们参加各行业间的比赛。唱歌、跳舞、体育，给她的航海生涯增添了无限乐趣，也给她的生活增添了多姿多彩的亮点。

李正容的家庭是典型的潮汕人家的生活方式：上有老下有小，喜欢在家做饭，周末假期聚会儿孙满堂，相互说笑，尽享天伦的大家庭。她有女儿女婿，两个儿子儿媳，还有孙子孙女，爱她、疼她的老伴儿余世鹏（2010 年底去世），他是全国劳动模范、全国十佳引航员、全国七位最具贡献的引航员之一，享受国务院专家级待遇。李正容与余世鹏是青梅竹马的同学，又是比翼双飞的恩爱夫妻，是世界上唯一的一对夫妻引航员。每说到丈夫，李正容都会充满感激，丈夫的理解和支持是她工作的动力和事业成功的保障。面对记者经常问到的夫妻如何相亲相爱，李正容说出了心里话：“女人在内在外都要做好真不易，付出的更多。同时女人更应该不断学习，完善自我，追求更高的心理层次，这样才能够永葆青春魅力。”李正容在家里是贤妻良母，即使工作再忙，她都要挤出时间为家人做饭。她说，她做的饭菜并不是很好，但这是她回报家人的心意。年轻时，孩子小，事业和家庭都重要，有矛盾也有统一，就看每一次如何正视和处理。以前夫妻分别要出海，就各自带一个孩子去，她呢，怕孩子乱跑，就总是把孩子绑在驾驶台的高脚凳上；有时你去我回，两人常常十天半月见不上一面，他们就在门后挂上个小本，记上啥时走的、上哪艘船、带了哪个孩子、买菜没有等等，先回来的，便一目了然。她曾很动情地说，由于工作，过去她对子女照顾得太少，心里觉得对子女很歉疚。从她退休那天起，她说，她想弥补对孩子的爱，日常着重关心孙子、孙女们的学习与生活。当孙子、孙女们中考和高考时，她就帮他们查资料，为他们选学校、选专业、出主意。和睦、相亲相爱的良好家风，使他们的家庭在上世纪末连连被评为汕头市“五好家庭”、汕头市“十佳文明家庭”、“汕头市最佳文明家庭”。老伴余世鹏走了，给她留下了永远的痛，至今每当有人不知情提起，她眼圈马上就红了，喉咙发哽说不出话来，过好一会儿，她才哽咽着说，老两口相亲相爱一辈子，真的不容易……

1988 年至 1998 年，李正容被选为汕头市政协常委之后，她把关注社会问题着重转移到关注青少年教育问题上，自己还动笔撰写了多

个提案材料，其中的《关于对流浪儿童进行救助的建议》被市委当作集体提案提交“两会”……

她说，过去的成绩只属于过去，现在只是想做一些关心中学生的事情。2011 年 5 月，她在金平区天港村两委的支持下，建起了一个“汕头市学生劳动体验园”。事情起源于一次公共汽车上学生的问话：“米是用什么做出来的?”“玉米是长在哪些树上的?”这些问话令她哭笑不得。她知道，现在生活质量提高了，不少家长过于溺爱孩子，孩子不认识农作物，不干家务劳动，只知道埋头读书。多数家长也怕孩子做家务劳动影响读书或考试成绩，李正容一直看在眼里急在心上，她想，过去她是海上的引航员，现在，她要做中学生精神上的引航员。她针对这些问题展开了相关工作：2011 年 3 月 8 日，李正容和几位老干部来到天港村踩点，想寻找地方创办一个“汕头市学生劳动体验园”（下称“园地”），旨在引导中小学生从小树立正确的人生观和价值观，让中小学生亲身体验劳动快乐和劳动光荣。当李正容几位老同志坐 22B 公共汽车迎着鮀济路，一直走进鮀莲街道天港村找到村长林粤锋时，李正容就开门见山地把自己的想法说了出来。村长是个明白人，听了李正容等老干部的自我介绍，知道他们想创办“园地”是做好事办公益，心里很钦佩，他说要和村支书林琼盛及村委、居委商量一下。这让李正容喜出望外，她希望事情进展顺利。3 月 12 日这天，她又来了，天港村两委班子成员讨论后认为，虽有很多实际困难，但这是关系培养子孙后代的事，他们一定尽力支持，可以说一拍即合。接着李正容把此事汇报给汕头市关心下一代工作委员会，此事得到了上级领导的重视和支持。当过几十年引航员的她，如今，真的要当起孩子们精神上的引航员了，她心里别提有多兴奋了。

退休前的李正容（李正容供稿）

李正容已是 78 岁高龄，说起为什么不在家颐养天年，她激动地说：“没有共产党就没有新中国，没有新中国就不可能让我成长为中国女引航员、航海高级工程师。我虽不是党员，但我要感谢党对我的培养，我要报答社会，在我有生之年为办好‘园地’尽职尽力。”她是性情中人，每天为此奔走，她带着一把雨伞，遮雨挡太阳，坐公共汽车找很多相关部门支持配合。有时中午的太阳很毒辣，把她的两个手臂晒伤了，有人不小心拉她的手臂，马上现出几个血红的指印。功夫不负有心人，5月7日，“园地”迎来了市区第一批中学生。之后，不少学校的中学生们一批接一批由学校老师带领，兴致勃勃地从金凤坛坐车来到天港村的荷塘、稻田及冬种芥菜劳作区、番石榴生产流程实践区，以及禽畜养殖园参加劳动体验。至6月下旬，学生们分别来了六批次以上，最多的一批有两百人，最少的一批也有十多人。学生回家后，当晚有很多家长打电话告诉李正容，劳动让孩子开了眼界，认识了很多农作物，而且回到家还主动帮忙做家务；有的家长说孩子回家后吃得更多，晚上睡得更香。还有很多学生希望以后能经常来这里劳动。由于经费不足，李正容还要去奔走，因每增加一批学生就会增加一些费用。李正容除了在每月的退休工资中捐出一半给“园地”所需，她还期望有更多人一起为学生们捐献爱心，争取社会各界都来出一把力，让更多的中学生经常到“园地”里来，让“园地”能得到可持续发展。

李正容给学生们讲引航故事（晓秋摄）

李正容是一个倔犟的潮汕姿娘，几十年的航海生涯练就了她独特的个性，越是困难的事情，她干得越有劲、越有激情。在创办“园地”的过程中，虽然困难重重，但在她的不懈努力下，总有“雪中送炭”般的关心让她温暖：6月20日，市、区、街道各级关工委及相关领导到天港村来关心“园地”建设，当即拍板定下“汕头市学生劳动管理委员会”机构名称。天港村支书林琼盛也当场表态要划出60亩作为“园地”专用土地，种植各种各样的农作物，作为学生劳动体验的“主战场”，已被农民承包的2 000多亩水稻和400多亩旱地则作为

“副战场”。这样落到实处的重视和支持让李正容喜出望外，她把心放到了肚子里。

李正容新的“引航”（晓秋摄）

李正容作为中学生的精神引航员，她所做的工作和她的精神感动了很多人，实际上，这是潮汕姿娘本性的一种回归，正如她退休后更加爱家人、爱孩子一样，总想为孩子多做点什么。

（二）月季香飘万里

一直以来，汕头姿娘杨静娟的名字，随着她所做的好事香飘万里，她在海南当过十年知青，几乎年年是标兵；回城后在工厂十年，也年年是先进。此后，她被委任为汕头市金厦街道月季居委会主任至今，她的名字也随着她所做的好事香飘万里。

1991 年初，40 岁的杨静娟从汕头罐头厂调到刚刚成立的东厦街道（2001 年东厦街道与邻近几个街道合并组建成现在的金厦街道）当月季园居委会负责人。月季园居委会辖内共有 43 幢居民楼，其中 6 幢是市政府为解决住房特困户而建设的廉租公房，被安置在这里的 280 家特困户中，家中有精神病患者的近 60 户，有聋哑、肢体残疾患者的 30 多户。有一段时间，这里被不少人称为“疯人区”和“贫民窟”。

老知青们给杨静娟敬酒（晓秋摄）

这里，每天接踵而至的难题一个个地摆在她面前，如园内私搭乱建问题突出，垃圾废土堆积如山，环境脏乱；家族纠纷、邻里摩擦时有发生；“特困户”生活困难，孩子没钱交学杂费；残疾人找不到工作，天天有人找居委会要求帮助解决问题。最令她头痛的还是那几十名精神病患者，无论白天黑夜，病人随时都可能发病闹事：有的砸邻居门窗，剪断电视天线；有的从楼上往楼下泼大小便；有的搬起100多斤重的水泥缸从五楼抛下来；还有人挥刀在她面前晃来晃去做劈人状，还问她：“好不好玩？”居委会工作人员辛辛苦苦布置好的宣传栏，转眼间就被撕得面目全非。上门收卫生费，吃“闭门羹”算小事情，有时还遭辱骂，连居委会门前的牌子也经常不翼而飞。有一天，杨静娟到一位精神病患者家中了解情况，刚进门，便被躲在门后的精神病患者用铁桶重重地扣住了头……面对种种奇异的现状，杨静娟没有退缩，她以极大的包容心关心他们、帮助他们，为他们谋利益。

从外表上看，杨静娟是一个瘦弱的潮汕姿娘，但她的内心充满了爱，这是对普通百姓和弱势群体的爱心，这种爱心给了她坚强的信念，那就是要为他们办事，为他们服务。她就是凭借坚韧不拔的精神与潮汕姿娘的忍性和韧性来做好工作的。她知道，这些人都处于社会的最底层，急需有人拉他们一把，帮他们走上正常的生活轨道，让他们回归社会。她决定把工作重点放在如何治疗精神病患者身上，因为这是关系社区安宁的大问题。杨静娟带领居委会工作人员，利用休息时间深入到每一位精神病病患者家中了解情况，主动与患者原居住地的居委会和民政部门联系，了解患者的病史，建立完整的患者档案。她还以区人大代表的身份提出了关于开展精神病患者康复工作的建议和议案，及时向街道党委和上级有关部门汇报，得到了上级领导的重视和支持。1994年5月，由原金园区残联、金园区卫生局和汕头大学精神卫生中心联合举办的“精神病人康复咨询服务站”在月季园居委会建立了，由上级派医生每月两次免费为精神病患者诊病、打针、发药，居委会协助配合。起初，有的患者不愿到服务站就诊，杨静娟便上门苦口婆心地一个个劝说、动员，直到患者接受诊治为止。但有的患者死活不肯就诊，就算被哄到服务站，一看到注射针管便拼命挣脱。每逢遇到这种情况，杨静娟只能和同事们一齐按住患者的手脚，配合医生顺利注射。为此，她还挨过患者的拳头。其实，精神病患者并不是完全丧失理智的，他们有时也很清醒，杨静娟对他们真心相待，他们也知道。作为姿娘，杨静娟克服了惧怕心理，主动亲近患者，经常到他们家嘘寒问暖，逐渐地，患者被她的真诚感动了，戒心放下了，彼此的隔阂也冰消雪融了。当居委会里看病的人多，医生忙不过来时，

杨静娟便协助医生为患者打针。患者也都喜欢让她打针，还说：“杨主任打针不痛……”天长日久，患者们把杨静娟当成了最知心的人。

住月季园甲二座的庄姓夫妇都是残疾人，庄某是聋哑人，其妻子也是聋哑人且精神不正常，他们有个女儿，夫妇从不给她梳洗。刚搬来月季园时，小女孩衣裳破烂，满头是虱子。杨静娟见了非常怜爱，自己掏钱买东西给她吃，拿来剪刀帮她剪短头发，买来药水帮她灭掉虱子，还带头发动居委会的同事给小女孩送换洗的衣服，联系学校让她免费上学。为了解决庄某一家人的生活困难，杨静娟除了向上级申请救济外，还安排庄某到居委当保洁员。为了能与庄某夫妇沟通，杨静娟专门学会了哑语比划手势。每当庄某带着女儿来到居委会办公室时，杨静娟和同事们都热情地帮他女儿洗澡、换洗衣服，和他女儿谈心，鼓励她好好念书，让这个从小没体验过母爱的女孩子感受到了慈母般的呵护。在杨静娟和大家的帮助与鼓励下，庄某的女儿学习刻苦，当上了班干部，还入了团。2000 年中考被聿怀学校录取，2003 年高考时，因担心考上大学家里无法为她承担学费而不敢填报志愿，杨静娟鼓励她，说无论如何应该先报考再慢慢想办法。这女孩也争气，考上了华南农业大学。杨静娟得知后比孩子的父母还兴奋，但她又喜又愁。在三伏天里，她四处奔波，跑了民政局、残联等为这女孩筹措学费，有一家企业的老板被杨静娟无私的精神所感动，出资解决了女孩大学阶段的学费和生活费。杨静娟每逢到广州出差，一有空隙，她就去探望这女孩。当第一次离家的女孩在校门口看到杨静娟时，叫“姨姨”的声音都哽咽了，而杨静娟也像见到女儿一样高兴，不知情的同学们都以为杨静娟是她的母亲呢。

二幢的杨某因患癌症长期卧病在床，妻子残疾，孩子幼小，生活十分困难。一天，杨某的妻子到居委会找杨静娟，诉说其丈夫近来病情加重，提出要吃鱼、菜，可家里没钱，十分为难。杨静娟听后，当即掏出 200 元给她，叫她回去买东西给杨某吃。当天夜里，杨某在家中去世。因家里一贫如洗，亲戚们又怕被传染而不肯上门帮忙，杨妻又哭哭啼啼地来找杨静娟。杨静娟二话没说，马上就去了她家。当时有人劝杨静娟说，杨某是重病去世的，可能会被传染，最好不要上门去。杨静娟却说：“杨先生的老婆已六神无主，家里孩子又小，亲戚们又不肯帮忙，她走投无路的时候来找我，就是把我当亲人，把共产

党人当亲人，我这个居委会主任、社区党支部书记不去，谁去？”杨静娟进了杨某的家里，整间屋里弥漫着恶臭味，杨静娟差点呕吐出来，但她强忍着，帮杨妻把家收拾妥当后，又赶到银行取来一笔平时热心人捐献的善款，并积极联系区民政局、市殡仪馆、金砂陵园等单位协助料理了杨某的后事。就在杨静娟四处奔走的时候，死者的亲戚中却有人打电话到有关部门，称月季园有一位居民病死在家中，居委会无人过问。事后，上级派人到居委会调查此事。当了解到真实情况后，大家无不被杨静娟的精神所感动。

几年前夏天的一个傍晚，十四幢的特困户杨家失火，一下子烧伤了四人。杨静娟当时刚端起饭碗，但她一接到报告，马上把饭碗放下，随即赶到现场协助救护。当烧伤患者住院急需按金时，她又赶回居委会，从居委会的经费中拿出一些，请求街道支持一点，动员邻居捐献一点，再向杨某儿子单位的领导反映了情况，请求资助一点，终于凑齐住院按金交给医院，患者得到及时医治。后来，杨静娟了解到杨某的儿子由于娶了农村户口的妻子，母子三人至今还没在汕头入户，她便主动向派出所反映情况，经逐级呈报批准，派出所终于同意照顾其母子三人入户。可是按当时入户的有关规定，必须交纳25 000元的城市增容费，这又把杨家难住了。杨静娟于是又帮助杨某把家庭的困境写成书面报告，选择公安局局长接待日前去反映情况，公安局局长当场批准给予杨某一家特殊照顾，免交增容费。杨某一家激动地说：“如果不是杨主任帮忙，这件事我们连想都不敢想。”

社区内年老体弱、身体残疾、家庭困难的群众实在太多了，他们生活过不下去了，找不到工作了，子女没钱交学费了，没钱看病了，夫妻吵架了等，都来找杨静娟反映。怎样更好地为困难群众排忧解难呢？杨静娟的脑海里时时萦绕着这些问题。

社区的老年人没有地方活动，整天待在家里，有的唠唠叨叨，容易与家人产生摩擦；有的长期足不出户，容易闷出病来……杨静娟看在眼里，急在心头。她多方争取社会热心人士的支持，筹集资金，在社区内建起了“夕阳红老年之家”，使老人们有了一个活动的空间。老年之家全天开放，每天上午8～11时举行潮乐演奏和潮剧演唱，丰富了老人们的生活。

月季园有个月季市场，在卫生管理上既是重点，也是难点。在

"创卫"活动中，部分摊主没有很好地进行配合。杨静娟不埋怨、不气馁，总是苦口婆心地动员说服，不厌其烦地检查督促。有一个卖肉丸的摊档，总是将货架摆到通道上，每次检查时他就收摊，检查过后又摆出来。杨静娟对他进行严肃批评时正赶上摊主的弟弟到来，弟弟不问是非曲直，便破口大骂杨静娟，还使劲把她推倒在地，杨静娟的肋骨撞到旁边停放的自行车上，致使软组织严重挫伤。在场的街道干部非常生气，东厦派出所得知情况后，准备对当事人进行拘留教育，杨静娟却说："现在正是'创卫'的关键时刻，需要各方面的理解、支持和配合，只要他俩能认识错误，就不要把矛盾进一步激化。"事后，当事人非常感动，又深感愧疚，兄弟俩主动上门向杨静娟赔礼道歉，表示一定要做遵纪守法的公民，配合居委会积极"创卫"。从那以后，该摊主成了市场管理的积极分子。

杨静娟始终相信，精诚所至，金石为开。她说："要管好社区，必须善于做群众的思想工作。以理服人，以情感人，群众就会拥戴你。"

精神病患者张某刚搬来月季园时病情严重，发作时不是拆家具、撕衣服，就是整月不肯洗澡，丈夫离她而去，一对幼小的儿女面对癫狂的母亲欲哭无泪。当得知这个情况后，杨静娟把张家列为最低生活保障对象，并经常亲自上门慰问，送米送油，像亲人一样动手帮助打扫房间、收拾家什，给张某洗澡，督促她按时服药打针。经过几年的连续治疗，现在张某已基本康复，女儿也结婚成家，儿子考上了中专，一个破碎潦倒的家庭终于迎来了苦尽甘来的日子。

杨静娟知道，精神病患者其实最需要精神的慰藉，心灵的坚冰可以用真情去融化。有一家母女都患了精神病，杨静娟经过几番了解，发现其女儿得的是心病，是失恋使她迷失了心志。杨静娟是女性，对女人的心事最清楚，心病需要心理疗法。十多年来，杨静娟除了长期为她打针送药外，有空便与她谈心，渐渐地，她的心结解开了，这么多年情绪一直保持稳定。两年前女儿的母亲去世后，杨静娟便成了她的监护人。

在长期与精神病患者的接触中，杨静娟学会了调整自己的心态，骂就装作听不见，吐口水就装作看不见，躲闪不及挨了拳头也不生气。久而久之，患者好像懂事了，有时犯了病，只有杨静娟出面才能让他们安静下来。一次有一患者病情发作，手持锤子从一楼阳台罩外侧攀爬到六楼，边爬边砸玻璃窗，并叫嚷谁敢靠近砸死谁，住户被吓得躲得远远的。杨静娟闻讯赶来，患者一见到她果然安静了许多，杨静娟先是慢慢开导患者要他交出锤子，接着又让人找来绳子绑在患者腰间，冒着危险保护他从阳台罩外爬回楼里。第二天杨静娟又亲自将他送到汕大精神病康复中心治疗。

月季园内的一些精神病患者成天蓬头垢面，杨静娟就给他们理发、洗澡，这在一般人看来是不可思议的事，但对杨静娟来说早已习以为常了。有一天，杨静娟来到一位叫伟武的患者家里，见他一身肮脏样实在难看，就问："我给你剪头发好不好？"他竟然没有说不，杨静娟高兴极了，急忙找来工具给他剪掉了一尺多长的头发和半脸胡子。接着，杨静娟又乘机说服他洗澡，并亲自为他烧水。看到蓬头垢面的患者转眼间成了整洁精神的汉子，杨静娟一天的辛苦和委屈顿时烟消云散。从这以后，她又成了义务理发师。现在张三李四谁该理发了，她都一清二楚，下班后提着工具上门服务。如今，无论在辖区的哪个角落，精神病患者遇见杨静娟时都会笑着叫她"阿姨"。每当此时，杨静娟内心总是涌起一股暖流。更令她欣喜的是，经过一段时间的治疗，辖区内精神病患者的病情普遍得到控制，一部分还基本康复，成为自食其力的人。人性的光辉，爱心的力量，就是通过杨静娟日常这些一点一滴却又非同寻常的工作体现出来的。

杨静娟说自己天生就是操心的命。没有人知道这些年来这位居委主任究竟吃了多少苦，但她做的好事每个人都能说上一箩筐。一桩桩实事、好事都办到了每一个特困户的心坎上。常年的奔波劳碌，使她得了慢性咽炎、高血压、慢性肾炎等多种疾病，有一天她感到四肢乏力，心慌气短，一检查，得了甲亢综合征，领导们感到内疚，下命令要她休息。然而那天一大早，辖区一精神病患者在家发作，家属打电话求她帮忙，杨静娟二话没说，拔下吊针，立即赶去为患者办理了住院手续。在杨静娟看来，群众利益无小事，居委会就是要为群众办好事办实事，上为政府分忧，下为百姓解难。

为了月季园这个大家，杨静娟几乎顾不了自己的小家，令她感动的是，家人是那样的理解和支持她。这么多年来，丈夫包揽了大部分家务，在杨静娟加夜班或带病坚持工作时，丈夫负责接送，有时还协助她照顾精神病患者。女儿怕母亲忘记用药，把服药时间写成纸条，贴在电冰箱旁。

澄子画作《吾乡吾土》

杨静娟是潮汕姿娘，从小喜欢干净的环境，她手脚特别勤快，也练就了不怕苦、不怕累、不怕脏的习惯，还有一种特别的坚韧不拔的精神，她的工作让人从平凡中看到了非同寻常的伟大，从繁杂中看到了人性真诚的光辉。一个人做点好事并不难，难的是一辈子做好事，杨静娟之所以难能可贵，恰恰在于她做了一辈子的好事。在月季居委二十年来，杨静娟努力实践，生动地诠释了新时期全心全意为人民服务的丰富内涵；以自己的模范作用，在人民群众中树立起党的崇高威信。说起杨静娟对普通人的“爱心”，她感觉大家说的“爱心”是平常心。她说：“我从小住在乌桥，那里是汕头老市区的贫民窟。过去我的父亲是共产党员，在工厂当车间主任，他事事带头，主动送我们四个孩子上山下乡；我的母亲是孤儿，一直在居委会工作，也是吃苦受累在前。我的左邻右舍都是社会最底层的人，大家一样穷，一样苦，一样累。在这样的环境里长大，培养了我不怕穷、不怕苦、不偷懒的性格，也培养了我的爱心。”有人问杨静娟：“你长年累月和精神病患者、残疾人打交道，烦不烦？”杨静娟真诚地说：“我一点儿也不烦，我从内心同情他们，我愿意为他们分担痛苦，帮助他们过上好日子。”民心永远是杆秤。她的辛勤工作为她赢来了一系列荣誉，如被汕头市委市政府授予“模范居委会主任”称号，荣获全国“五一”劳动奖章；光荣出席广东省第九次党代会和全国第十七次党代会；获评“全国优秀社区工作者”，“广东省创建精神文明活动积极分子”，等等。她深情地说：“我已过了正常的退休年龄，但我深深地爱我的工作和需要帮助的人，我的心属于他们！”

（三）武术精英玛丽

现任美国国家武术总会会长，美国全国太极拳总会会长，武术总会比赛委员会主任，国际武术教练、裁判员许玛丽是潮汕姿娘，乍一听也许很多人都不会相信，如果不是面对面地采访她，我也不相信这

玛丽在姐姐家中习武（晓秋摄）

是真的。而那一天的偶然相见，我们是用纯粹的潮汕话交流的，我一下子了解了她传奇的生活经历和个人的奋斗过程，我还走访了她原来的汕头武术老师吕兴钦，使我对她所热爱的武术事业有了进一步的了解。

许玛丽原名许楚娅，玛丽是从泰国去美国以后才起的名字。2010 年 12 月 5 日，旅居美国的许玛丽，带着她的 12 名队员从美国飞往新加坡，参加在新加坡裕廊东体育与休闲中心举行的“第三届世界青少年武术锦标赛”，在历时四天的比赛中，她的队员们顽强拼搏，以过硬的武功夺得了 3 金 3 银 1 铜的好成绩。这是她所带领的团队在国际比赛中取得的最好成绩。这次国际比赛有四十七个国家参赛，恰逢国际武术联合会成立二十周年，要有国际武术联合会会员国资格才能参加。比赛结束后，美国驻新加坡大使高兴地接见了许玛丽和代表队的全体队员。许玛丽说，她的这支十二人的参赛队员，是从美国五十一个州的一百多名选手中精心挑选出来的，当中有两个是美国人，其余都是美籍华人选手。参赛的项目有剑、长拳、棍、刀等。近几年来，类似这样带着美国国家武术队参加的国际武术比赛赛事，在许玛丽的印象中还有另外五次：第一次是在 2007 年来北京参加第九届世界武术锦标赛；第二次是在 2008 年 7 月参加在巴西举行的第七届泛美武术锦标赛，拿了长拳、剑术、刀术、枪术等多个金牌和银牌；第三次是在 2008 年 8 月来北京住进了奥运村，参加奥运会特设项目；第四次是在 2008 年 12 月参加在印度尼西亚举行的第二届世界青少年武术锦标赛，取得 1 金 2 银 1 铜；第五次是 2009 年在加拿大多伦多参加第十届世界武术锦标赛，这是历届参与国家最多的一次，有七十九个国家参加，美国夺得男子剑术金牌和男子枪术银牌。

许玛丽带领美国国家武术队在新加坡完成“第三届世界青少年武术锦标赛”比赛后，在回美国之前，专程转道回到给她童年留下深刻印象的汕头市。翌日，她怀着感恩的心来到 83 岁的吕老师家，感谢老师多年前对她的培育之恩。而吕老师对她所取得的每一个成绩深感欣慰，并鼓励她再接再厉。许玛丽自回到泰国后以至后来去了美国，几乎每逢回到汕头都要前来拜会吕老师。而且这里还有她的亲人，特别是过去和她一起练武术的师兄弟姐妹们，这就是许玛丽对潮汕老家的不解情结。

当年玛丽的师傅吕兴钦在公园为她做示范动作（玛丽供稿）

许玛丽出生在泰国曼谷一个殷实的华侨家庭，爷爷年轻时从潮汕坐红头船到了泰国，后来发展成一个大型碾米厂的厂主，父亲和母亲都在华侨中学当中文老师。20 世纪 50 年代，一大批泰国华侨回国参加祖国建设，许玛丽的父亲也满怀爱国热情，带着妻子儿女准备加入这个庞大的队伍，但爷爷坚决反对，然而父亲去意已决，他宁愿放弃优裕的物质生活条件，放弃家庭中长子继承产业的权益，毅然投奔祖国。于是几岁的姿娘仔许玛丽和哥哥姐姐们跟随父母亲回到了汕头市。

在她读小学五六年级时，正值“文革”时期，美丽的海滨城市汕头有不少文物被摧残，学校停课让学生闹革命，成立各种战斗队。许玛丽的哥哥姐姐热衷于在工人文化宫演出，在当时的大型歌舞《红卫兵战歌》中扮演主角。而许玛丽那时却热心于学习中华传统武术，并在海滨广场晨练时结识了吕兴钦、纪昌秀老师。1973 年汕头体委在广场开办太极拳班，请吕兴钦、纪昌秀等当老师，每班几十人甚至几百人练太极拳，每期结束后从选手中挑选出可以再精心培养的人，许玛丽就是被挑选出可以再精心培养的女孩。当时她十几岁，吕兴钦老师看她聪明、活泼、勤学、胆大、精神面貌好，就另外再加时间教她。由于她悟性好，出手漂亮，一招一式准确、认真，练什么像什么，进步很快，老师们对她刮目相看。吕兴钦老师早在青年时代武术技艺就颇有名气，1958 年参加汕头市武术比赛获得各项综合第一名，是集中国武术南北派、内家拳和外家拳等各种门派于一身，拳术、器械样样精通的武术家。吕老师在开讲前必定先讲武术道德观念，强调以锻炼身体、调节体内功能、修身养性为根本。此后，许玛丽不管炎炎夏日，或者寒冬腊月，都专心致志，苦练不懈，跟着吕老师练习武术。在老师的指导下，她先全面熟习各路武术技法，苦练刀、枪、剑、棍基本功，又在此基础上专修太极拳……吕老师家有子女五人，其中吕静华、吕静云、吕乐文、吕乐武也和许玛丽一起练武，练的时间长了，大家如同兄弟姐妹，许玛丽有时候练完武术还和他们一起回家吃饭，吃完又练，她感觉和吕老师的儿女们在一起，有严肃认真练武的时候，也有休息期间嬉皮笑脸、追逐玩耍的时候，很亲切，很温馨。有一次吕老师过生日，一家人要回潮州，许玛丽还和他们一起去了潮州的家。到了潮州，正好看到老师家距离西湖公园不远，许玛丽就大胆地在西湖公园练起武术，吸引了众多路人驻足来观看她的表演。今年初笔者前往汕头市金凤坛吕老师家时，吕老师特别提到这事。的确，许玛丽当时的梅花双刀最拿手，因为双刀对于女孩子来说有难度，握住双刀要贴身，同时使用左右手，还要用大力气，速度要快，力度要大，但许玛丽练得最勤、最好，有时候吕老师还让她带一些小的孩子练习。

玛丽当年在汕头广场刻苦练功（玛丽供稿）

1981 年，许玛丽回到出生地泰国首都曼谷。刚到曼谷，她一有空就到公园打太极拳，那时她的武术技法已日臻成熟，太极拳柔中有刚，刚柔相济，无意中她又吸引了公园晨练的一些武术爱好者。很快，她就以弘扬中华武术的精神以武会友，并很快融入当地的华人社会，并与马剑臣等前辈合作，成立了泰国太极拳健身总会，马剑臣任会长，许玛丽任总干事兼秘书长。为了传承中华武术文化，泰国太极拳总会还在各府设立分支机构，把太极拳传播到边远地区。同时，许玛丽不但勤于练武，还与中国武术界先辈保持联系，参与国内的一些活动。1985 年，她代表泰国武术队来到西安，参加了由中国武术协会主办的第一届国际武术邀请赛。翌年，她又到济南参加国际武术教练员训练班，在那里结识了国内武术界的吴斌、于立光、门惠丰等名师，学到了完整的武术教学体系，个人技艺突飞猛进。1985 年至 1989 年，她

在泰国蝉联五届武术冠军。

1989 年，许玛丽到美国参加武术比赛，其精湛的中国武功赢得了美国武术界的喝彩，她被挽留在美国教武术。为了寻求更大的发展，她把心安在了美国。当时刚到异国他乡，想创业谈何容易，一开始也碰到了种种困难，但她自小独立性强，敢于面对各种困难。如在考美国公民时，面试的考官问她："你来美国的目的是什么？"她用流利的英语回答道："我擅长中国武术、太极拳，这是中国国粹之一，它能为人们带来健康，还能传播友谊，我希望有一天能代表美国参加国际性武术比赛。"考官很有兴趣，当场请她即席表演，许玛丽当即表演了一段太极拳，在场的人都报以热烈的掌声。

对于怎么使中华武术这个国粹在美国有更好的发展，许玛丽想了很多，经过全面考察之后，她有了新的思路，就是要把精力放在教学上，这样才能将中华武术及太极拳在海外更好地传播出去。她为此做了很多前期工作。1994 年，美国玛丽太极功夫学校在康迪克州的曼彻斯特开办了，不仅吸引了众多华人，更吸引了不少的美国人和其他外籍人士。玛丽太极功夫学校有初级班、中级班、高级班，还有从类别上分为中华武术和中华太极。许玛丽集刀、枪、剑、棍、拳于一身，亲自教学。从姿娘仔开始练习各种武术，一直到走南闯北、背井离乡，许玛丽心中萦绕的一个梦想，就是要把中华武术传播到世界各地去。许玛丽在长年坚持不懈的刻苦训练中，一招一式准确到位，尤其是她的南北派技法技艺娴熟，武术武艺炉火纯青。由于学员来自四面八方，不分国界、不论身份，最老的老大爷 101 岁，最小的是只有 4 岁的娃娃。因此在教学时也要分别施教。一开始美国人对中国功夫感到很神秘、很好奇。许玛丽在上课时，和她的老师一样，着重讲授武术文化和道德观念，强调以锻炼身体、修身养性为根本。很多外国人想通过学武术和练太极拳来了解中国，了解中国博大精深的文化。

日子在每天早晨新太阳照耀下的舞枪弄棍中被迎来，又在每天黄昏的武术吆喝声中被送走，经历了五载春夏秋冬，学员们在美国玛丽太极功夫学校掌握了中国武术和太极拳的规定套路，并在各种比赛中屡获佳绩。1999 年在学校创办五周年时，由学校主办的第一届新英格兰（美国东北六州）国际中华武术锦标赛在康迪克州州府哈佛举行，来自中国及中国香港，以及巴西、墨西哥等八个国家和地区的运动员

选手欣逢盛会，热情高涨，其中竟有年逾八旬的老者。许玛丽主办此次盛会的初衷在于以武会友、提高武艺，更是为了在西方弘扬中华武术，此举得到不少国内名家的支持。国际神探李昌钰博士也在百忙中拨冗光临。2002 年由学校主办的第二届新英格兰国际中华武术锦标赛办得更加精彩，来自世界各地的运动员、教练员、裁判员有五百多人，比赛项目也比上届更丰富多彩。在此次武术锦标赛盛会上，一个蓝眼睛、褐色头发、身材矫健的美国小伙子正在表演的鹰爪拳吸引了人们的眼球，他时而弹跳急转身，时而展开双臂做鹰爪状，时而舒缓轻柔，整个拳法套路准确娴熟，对中华武术的掌握已达到相当火候，他在玛丽的精心培养下，现在已是国际散打裁判、国家级武术裁判兼教练，也是玛丽太极功夫学校的武术教练。他就是许玛丽的丈夫安东尼。当然，他和玛丽的爱情也成为一段武术界的佳话：原来安东尼在大学是学哲学的，先是从书本上接触到中国历史和中国文化的，好奇心使他关注有关华人和中国武术。当他知道玛丽太极功夫学校后，他被中国传统文化和武术文化深深吸引，特意从纽约来到康迪克州学习中国武术和太极拳，第一次看到玛丽，他就一见钟情。当时玛丽正步入中年，有过爱情经历和婚姻经历，但情人眼里出西施，安东尼眼中的许玛丽，教授武术时英姿飒爽，平日里则风姿绰约。他想成为半个中国人，因为爱，他刻苦学习武术技艺，且长进特快；因为爱，他还学会了一口标准的普通话，并学会了 2 000 多个汉字，对玛丽太极功夫学校不少中文信件的收发和翻译，他都可以胜任。

中华武术博大精深，武术源于中国，属于世界。2001 年 6 月，许玛丽在中国澳门参加了国际武术联合会举办的国际裁判考试班，经考证合格，取得了国际裁判资格证书。在考试期间，她掌握了国际武术联合会新规定的国际武术套路，并幸会了国家十大武术名教练、武术大师钱源泽先生，在大师的指点下，许玛丽受益匪浅。如今国际武联已经有 110 多个会员国，遍及五大洲。在 2008 年 8 月北京举办的奥运会上，中华武术作为特设的项目，吸引了来自世界各地的运动员。虽然比赛结果只作为特设项目计奖，但 2008 年北京奥运会是武术项目第一次出现在奥运赛场上，这对于武术项目在世界范围内的推广和发展都起着巨大的作用。许玛丽带领美国国家武术队七人来北京参加比赛，她很高兴，她期待以后的奥运会能有中华武术项目。

许玛丽从13岁在汕头海滨广场开始练习中华武术的那一天起，花开花落，日子如白驹过隙，她从一个国家到另外一个国家发展，走过了漫长的岁月。从运动员到教练员，再到裁判员、国际裁判员，从参赛选手到运动会的组织者、主办者，她已积累了三十多年的国际比赛经验。这期间每走一步，她都付出了辛勤的汗水，每一个奖杯都凝聚着她的心血。她知道，不管她走到哪里，祖国和人民都是她的坚强后盾，弘扬中华武术是她的宗旨。大洋彼岸的海风吹拂着她的黑发，每当黄昏落日之时，一天的工作就告一段落，她经常会想起当年在汕头的日子，那时候每当练起功来，她就摇晃着脑袋，两根小辫像拨浪鼓一样。与小伙伴们一起习武的过程，是一种苦中有乐的体验过程。每想到此，她就会从心底里发出欢快的笑声，那时在家乡汕头种下的希望种子，如今已经开花结果。

在许玛丽的人生中，走过的路和她的事业一样充满艰辛，机会却又与挑战并存。她相信自己，也相信是金子必定会永远闪光。

李正容、杨静娟、许玛丽作为潮汕姿娘，各自都有与众不同的特点，但她们都是潮汕姿娘中的佼佼者。李正容从汕头走出去时，因“女人不能上驾驶台”而争取机会“克服世俗偏见”，又从“天险”川江闯荡了八年的“鬼门关”。回到汕头后，她凭着精湛的航海技术和过人的胆识创造了多项骄人的纪录。杨静娟当居委会主任，干的是平凡、琐碎、繁杂的事，但为了弱势群体，她用柔弱的肩膀担当起重任，二十多年如一日，亲手给精神病患者理发、洗澡、打针、喂药，或帮他们处理难解的“家事”。为了普通百姓这个“大家”，她经常忘记自己。而许玛丽从小就热爱中华武术，长年坚持超乎寻常的刻苦训练，就是想把中华武术传播到世界去，为了心中的远大理想他一直不懈努力，从当参赛选手到运动会的组织者、主办者，她实现了艰难的跨越，一切好像都是顺理成章、水到渠成的，但这期间的艰辛只有她自己知道。在日常生活中，李正容、杨静娟、许玛丽作为潮汕姿娘，她们一样要过日子，柴米油盐酱醋茶，买菜、煮饭、洗衣、养育孩子，一样都不能少。幸运的是，她们身后的家人都在默默地支持着她们。无论她们从事什么特殊的工作，家人间的互相支持和牵挂永远是生活的重心。

后 记

古往今来，各个历史时期的无数潮汕姿娘受传统观念和地域习俗的影响，绝大多数潮汕姿娘的生活中心多是围绕着家庭中丈夫、孩子、老人、锅台转的家事，或参与时年八节民间习俗的活动。由于她们心灵手巧，女红、绣花、剪纸、手工艺等对大多数普通潮汕姿娘来说都能得心应手。在她们看来，家家户户的姿娘们能做到的事，自己也一样能做到。她们身上那种热爱生活的难能可贵的人文精神，已渗透在日常生活的言行举止中。由此我一直都在想，如能把她们的特性写出来，让她们身上与生俱来的人文精神得到传播，那也是履行一种社会责任。我非常感谢暨南大学出版社，它组织的“潮汕文化丛书”给了我这个机会。虽然限于水平，在文字表达上还难以尽善尽美，而且限于篇幅，还有很多的历史和现代潮汕姿娘人物未能写进本书，但自己感觉一定还有机会可以努力去搜集和整理更多的资料。

在编写过程中，本书得到了潮汕历史文化研究专家的鼓励，特别是得到了黄挺教授的具体指导。同时也参考、引用了一些著名专家写作的名篇名句作为说明和注解，如黄挺先生的《潮汕剪纸》、陈志民先生的《潮汕民间剪纸艺术特色及海洋性民俗文化特征——兼论民间剪纸艺术文化遗产的保护与传承》、杜式敏的《从潮汕侨批看海外潮人的女性观》、杜桂芳的《潮汕侨批》、杨坚平先生的《潮绣抽纱》和《潮州民间美术全集——潮绣抽纱》等。我到潮汕历史文化研究中心搜集相关资料时，还受到了该中心主任陈焕溪及资料室相关人员的支持。为了找到更多相关的插图，我请澄子、张伟民、翁志雄、曾建平、陈利江、姚建平、张映茸、张烈华、陈新渝、杨小琳、晓秋等人帮忙，

他们也给予了我大力的支持。此外，我还参考、引用了潮汕文化宣传网、汕头大华网、汕头大学潮汕文化特藏网、潮人网、潮学网等上面的一些相关文章的段落和个别照片，如未提及敬请包涵，本人在此表示深深的谢意。

魏影秋

2012 年 3 月